ゴータマ・ブッダのメッセージ

「スッタニパータ」私抄

羽矢辰夫

大蔵出版

ゴータマ・ブッダのメッセージ

目次

ゴータマ・ブッダのメッセージ

『スッタニパータ』私抄

序章

来てみれば　聞くより低し　富士の山
釈迦《しゃか》も孔子《こうし》も　かくやあるらん

幕末近くの長州藩《ちょうしゅうはん》で財政改革に功績のあった、村田清風《むらたせいふう》の作とされる句です。

筆者も、大学受験のために上京する途中、新幹線の窓からはじめて見た富士山を、意外と低いものだなぁと感じたものです。さすがに釈迦も孔子もとは思いもつきませんでしたが、日本一の富士山を低いと感じたなどとは、なかなか口に出していえるものではありませんでした。この句を見つけ、同じように感じた人がいたことを知って、なぜか安心したことを覚えています。

さて、わたしたち日本人にとって、ゴータマ・ブッダ（お釈迦さま、釈尊《しゃくそん》）はつねに仰ぎ見る存在であり、はるか雲の上にいて、わたしたちにはとうてい及びもつかない存在であるかのように思われています。伝説上に現われるゴータマ・ブッダはまさに人間としては完璧で、そのうえ、わたしたちには測り知れない特別な存在として描かれているからです。

しかし、ブッダになるということは、人間でなくなるということではありません。歴史上に現われたゴータマ・ブッダも、ブッダになったとはいえ、基本的にはわたしたちと同じ人間だったはずです。人間として、どこまで完璧だったといえるのでしょうか。わたしたちが勝手に雲の上に祭りあげ、必要以上にはるかに高く崇《あが》めているところが、少なからずあるのではないでしょうか。村田清風の句はそこをついています。

もちろん、そのように考えることで、ゴータマ・ブッダをわたしたちのレヴェルにひきおろそうというのではありません。そうではなく、たとえば、わたしたちと同じこころをもち、そのこころが同じように成長する可能性をもった一人の人間として、それでもわたしたちとは違って、こころの成長の可能性を究極にまで開花させた先駆者として、ゴータマ・ブッダを捉えることはできると思います。

ゴータマ・ブッダの思想を学ぶということは、ゴータマ・ブッダという偉大な山を登ることにたとえられます。しかし、登っているようにみえて、実際には、それはわたしたちが自分自身の山を築いていく営みにほかなりません。必然的に、わたしたちがどのように生きるか、そしてどのように死ぬか、という切実な問題と関わってくるからです。

そこでは、山の高さは問題ではありません。ましてや、他の山と比較することなど、ほとんど意味をもちません。隣りの山は気にはなりますが、あまりそのことに執《と》らわれると、別の深刻な問題がもたらされます。わたしたちは、みずからに授けられた能力を、それぞれ充分に発揮しているかどうかだけを問えばいいのです。どれだけ登ったのか、あるいはどれだけ築いたのか、そのことを確かめるのも自分自身なのですから。

ゴータマ・ブッダの山は、安らぎの山にたとえられます。わたしたちの山は、ふつうに築くと苦しみの山になってしまいます。そのこと自体は、わたしたち自身の人生をふり返ってみれば、よくわかるでしょう。しかし、たとえいまはどんなに苦しい山であったとしても、みずからがゴータマ・ブッダの山を登ることをとおして、すなわち、わたしたち自身が学び実践することをとおして、安らぎの山に変えることはできます。

どのような山を築くかは、わたしたちの選択に任せられています。他のだれも、ああしろこうしろと命令する資格をもちません。どんな状況でも、最終的には自分自身の選択です。なかには苦しみの山が好きな人もいます。そのような人は、いくら安らぎの山を勧められても、容易には受けいれられません。よくいわれることですが、「過去と他人は変えられない」ものです。

いま現在、人生はむなしいとか、わたしは独りぼっちだとか、世の中は苦しいことばかりだとか、どちらかというと否定的な感情を強くもっている人は、そのような人生の捉え方を自分で選択しているといえます。その選択はときに意識せずに行なわれるので、気がつかないことも多いと思います。しかし、意識的であれ無意識的であれ、何らかの選択が行なわれていることは確かです。

どのような境遇にあっても、安らぎの山を築くことはできます。わたしたちの決意次第で、いつでも変更は可能です。もともとあったものではなく、自分が築いてきたものであれば、これから変えることはできるはずです。とはいえ、苦しみの山ではなく、安らぎの山を築きたいのであれば、わたしたちのこころはもっと成長しなければなりません。

それは、ゴータマ・ブッダとまったく同じ生き方をするということではありません。ゴータマ・ブッダと同じように出家《しゅつけ》しなければならない、ということではないと思います。ときどき、ゴータマ・ブッダと同じように〔結婚して一子をもうけたうえでかれらを捨て〕出家しなければ、ゴータマ・ブッダの思想はわからないし、ブッダにもなれないという人がいます。また、出家などはできないし、するつもりもないから、ゴータマ・ブッダの思想は学ぶ必要がないという人もいます。どちらも事の本質をはずしています。

ゴータマ・ブッダの思想で最も大切なことは、眠っている人間（わたしたち自身）であっても目覚めた人間（ブッダ）になれるということです。それはすなわち、わたしたちが現在疑いもなくもってしまっている、苦しみをもたらす認識のあり方を、安らぎをもたらす認識のあり方に統合するということです。これが事の本質であり、たとえ時代や地域が異なっていても、また人種や宗教が異なっていても、万人に共有できるものです。

おそらく現代こそが、ゴータマ・ブッダの思想の本質が最もよく理解され得る時代といえるでしょう。わたしたちは現代に合わせたかたちで、ゴータマ・ブッダの思想を生かすべきです。そのためにも、仰ぎ見るばかりでもなく、わたしたちのレヴェルにひきおろすのでもない、いわば等身大のゴータマ・ブッダ、そしてゴータマ・ブッダの思想がとくに探求されるべきであると思います。

ゴータマ・ブッダが遺したことばのなかには、わたしたちはなぜ死を恐れるのか、わたしたちはなぜ傷つけあうのか、など、わたしたちの人生の根本のところで生じる問題を解決するためのヒントがあります。それはわたしたちに親しい仏教にも伝わっています。ただ、多様な価値観が交錯するなかで、その仏教の意義も見失われかねない昨今の状況です。『スッタニパータ』をとおしてゴータマ・ブッダのことばに耳を傾けることが、みずからの生き方をふり返る縁《よすが》となるとともに、わたしたちの祖先が大切に伝えてきた、仏教という精神的な伝統の根源を再発見し、わたしたち自身の新たな精神的支柱を築くためのきっかけになれば幸いに思います。

第一章　『スッタニパータ』

一　『スッタニパータ』とは何か

『スッタニパータ』は現存する仏教の経典のなかでも成立が最も古く、歴史上に実在したゴータマ・ブッダ（紀元前四六三―三八三）のことばに最も近い経典である、といわれています。「スッタ」は「たて糸、経」、「ニパータ」は「集まり、集成」という意味です。したがって『スッタニパータ』とは、「経の集成」という意味になります。あるいは「ゴータマ・ブッダのことばの集成」といってもよいかもしれません。

なぜ「経の集成」（スッタニパータ）という名称になったかというと、注釈には「他に特徴のある名称がなかったから」という説明があります。そもそも最初からいまのような構成や内容だったわけではありません。とくに第四章と第五章は別々の独立した経典として、かなり前から成立していたようです。それがなぜか集められて、一つの経典になったのです。まさしく「集成」としかいえないということなのでしょう。「寄せ集め」といえなくもないですが、いまとなっては貴重な資料です。

『スッタニパータ』の全体は、五章、七二経、一一四九詩で構成されています。内訳は、第一章「蛇の章」(一二経、二二一詩)、第二章「小さい章」(一四経、一八三詩)、第三章「大きい章」(一二経、三六一詩)、第四章「八つの〔詩の〕章」(一六経、二一〇詩)、第五章「彼岸《ひがん》にいたる〔道の〕章」(一八経、一七四詩)となっています。物語としての一貫性はなく、体系的でもありません。

それでも『スッタニパータ』には素朴で生まなましい表現が多くみられ、読んでみると、ゴータマ・ブッダの時代の仏教(原始仏教ないし初期仏教と呼ばれます)の雰囲気が、そのまま伝わってくるような感じがします。けっして洗練されているとはいえませんが、それだけにかえって、ゴータマ・ブッダのことばがじかに響いてくるようです。内容については、本質を理解するのはかなりむずかしいにもかかわらず、それほどむずかしいことを語っているようにはみえません。もちろん、教理をめぐって難解な議論が展開されているわけでもありません。

ゴータマ・ブッダは折りに触れ、人々の悩みに応じて教えを説きました。自分で書物を著わしてはいませんし、ビデオやテープにその姿や声が残されているわけでもありません。それらの代わりになったのは、弟子たちの記憶でした。ゴータマ・ブッダが説いた教えを弟子たちが記憶し、それを短い詩や散文にしたものが、口頭で次世代へと語りつがれていったのです。それがあるときまとめられて経典となり（原始仏教経典と呼ばれます）、いくたの改変を経て、今日まで伝えられてきました。

現在に遺されている原始仏教経典には、パーリ語経典と漢訳の阿含《あごん》経典があります。パーリ語経典は、ゴータマ・ブッダ自身が語ったとされる東部インドのマガダ地方のことばに近い俗語で書かれています。原始仏教からの伝統を現代に受けつぐ上座《じょうざ》仏教（テーラヴァーダ）を信奉する東南アジアの国々（スリランカ、ミャンマー、タイ、カンボジア、ラオスなど）に伝えられ、唯一の仏教経典として尊重されています。

『スッタニパータ』はパーリ語経典に含まれます。パーリ語経典の構成は、つぎのようになっています。

一　経蔵《きょうぞう》（ゴータマ・ブッダの教え）

二　律蔵《りつぞう》（教団を運営するための規則）
三　論蔵《ろんぞう》（ゴータマ・ブッダの教えに対する弟子たちの解釈）

これを、経・律・論の「三蔵《さんぞう》」と呼びます。それぞれの内容からもわかるように、ゴータマ・ブッダの教えは、三蔵のうちの経蔵におもに説かれています。経蔵は五つに分類されています。

㈠　ディーガ・ニカーヤ（長部《ちょうぶ》・長い経典群）
㈡　マッジマ・ニカーヤ（中部《ちゅうぶ》・中くらいの長さの経典群）
㈢　サンユッタ・ニカーヤ（相応部《そうおうぶ》・テーマ別に整理された経典群）
㈣　アングッタラ・ニカーヤ（増支部《ぞうしぶ》・教えの項目数によって整理された経典群）
㈤　クッダカ・ニカーヤ（小部《しょうぶ》・短い経典群）

『スッタニパータ』は「クッダカ・ニカーヤ」の第五経です。全体にわたっての漢訳がないことから、『スッタニパータ』はわが国ではほとんど知られていませんでした。中村《なかむら》元《はじめ》先生の翻訳『ブッダのことば―スッタニパータ』（岩波文庫）が昭和三十三年に出版されて、ようやくわたしたちの知るところとなりました。わかりやすく和訳された『スッタニパータ』は、漢訳の仏教経典に慣れ親しんできた日本人にとって、きわめて新鮮に映っただろうと思います。漢訳文化圏で受容され変容した仏教を中心にすえる日本人の仏教観が、徐々に変化していくきっかけになりました（ゴータマ・ブッダの時代の仏教が正しくて、変容した仏教が正しくないという意味ではありません）。

『スッタニパータ』が読まれるにともない、ゴータマ・ブッダその人に対する関心が高まってきています。わが国の宗派の仏教よりも、仏教そのものの原点を知りたいと思う人々が増えているように感じます。仏教の原点とは、ゴータマ・ブッダのことです。神話的存在としてのゴータマ・ブッダではなく、歴史的存在としてのゴータマ・ブッダが何を考え、どのように行動したか、ということを知りたいと思えば、『スッタニパータ』は不可欠の資料といえます。

パーリ語経典を伝える東南アジアの国々では、『スッタニパータ』は日常の生活と密接に関わっています。たとえば、第一章第八経「慈悲」、第二章第一経「宝」、第二章第四経「大きな幸せ」は、婚礼などの儀式において、パリッタ（お護り）として、現在でも唱えられています。東南アジアの人々にとって、『スッタニパータ』は最も親しみを感じる経典の一つなのです。『スッタニパータ』をとおして、仏教が人々のこころのなかに根づいている、ということもできるでしょう。

わが国でも、『般若心経《はんにゃしんぎょう》』や『法句経《ほっくきょう》』（ダンマパダ）とならんで、人気のある経典になりつつあります。ただ表現がわかりやすいというだけでは、多くの読者を得ることはできません。やはり、わたしたちの人生の糧となるようなことばが随所に散りばめられているということが、最も大きな要因だと思います。

また、『スッタニパータ』は素朴でわかりやすいという反面、断片的な箇所が多く、趣意を理解するのに苦労するところもあります。多くの読者は逆に、そのような断片から想像をふくらませて、従来どおりではない、自分なりのゴータマ・ブッダ像を創りあげているのではないか、そんな自由さがあるのも人気の一因ではないか、と推察します。

ストーリーがあるわけではないので、律儀に一つひとつの経を順番に読んでいっても、おそらく途中で挫折してしまいます。それはたぶん読み方が合っていないのです。『スッタニパータ』のような経典の場合、自分にとって必要な部分だけを読みとる、といった読み方のほうがふさわしいように思われます。

本書では、そのような読み方の手助けになるように、まず全体をテーマ別に分類しなおしました。そのうえで、筆者なりの観点から、ゴータマ・ブッダのことばを味わっていきたいと思います。なお、底本はパーリ聖典協会（ＰＴＳ）本とし、原典からの引用はすべて筆者による翻訳とします。

二　『スッタニパータ』のエッセンス

わたしたちは、自己と世界がまったく切り離され、対立して存在しているかのような認識のあり方を、日常で何の疑いもなく採用しています。それにともなって、意識する・しないを問わず、永遠に変わらない「わたし」が作りあげられ、その「わたし」が他者とたがいに何のつながりもなく、バラバラに孤立して存在しているかのような見方ができてしまいます。当然ながら、世界は「わたし」を中心に回っている、と思いこんでいます。

それは、自分が宇宙のまっただ中に独りで放りだされているような感覚をきわだたせ、「どうしようもなく独りぼっちだ」という絶望的な孤立感を、わたしたちにもたらします。さらに、まわりのどこにもつながりの接点をもたないことから、自己の存在の根拠が見つからず、自分自身が根無し草のように、ただフワフワと漂っているだけの存在のように思えて、わたしたちをいいようのない不安におとしいれます。このような認識のあり方を基盤とするコスモロジーを、ばらばらコスモロジーと呼ぶことにします。「コスモロジー」とは、わたしたちがある一定の秩序をもって人生を生きていくうえで、必要不可欠な価値観および世界観のまとまりのある体系のことをいいます。

永遠に変わらない「わたし」が作られているにもかかわらず、現実の自分自身は、過去から現在を通って未来へと進む時間の流れのなかで、あるときポツンと独りで生まれ、あるときポツンと独りで死んでいくだけのはかない存在でしかないようにみえます。広大な宇宙のなかではほとんど無に等しく、わずかに塵《ちり》に譬《たと》えられるばかりのちっぽけな存在にみえます。まわりのあらゆるものと何のつながりもなく、仮に自分がいまいなくなったとしても、だれも悲しまず、だれも関心さえ示さない、まったく価値のない存在でしかないようにみえます。自分がいなくても、世界は何一つ変わらずにありつづけるようにみえます。

永遠に変わらない「わたし」は死なない存在です。はかなくも死んでしまう自分自身の現実を知りながらも、あるいは知っているからこそ、わたしたちは、永遠に変わらずけっして死なない「わたし」に過剰に執着します。死なないはずの「わたし」を、現実には死んでしまう自己と混同し、誤って同一視してしまいます。その結果、両者のあいだに広がる埋めがたいギャップはかえって自覚されなくなり、自分でも理由がよくわからないままに、わたしたちはみずからの生存を苦しみと感じるのです。ゴータマ・ブッダのいう苦しみとは、楽しみの反対語としての苦しみではなく、こころが安らいでいない状態のことをいます。

永遠に死なない「わたし」と、はかなくも死んでいく自己とは、明らかに矛盾するものです。わたしたちはこの矛盾をかかえながら日々を生きていますが、ふだんは矛盾などないことになっています。しかし、こんな人生生きていて何の意味があるのだろうか、とか、死んでしまうのになぜ生きていかなければならないのか、など、人生の根幹に関わる疑問が生じたときに、実際には表面化してきています。多くの人はそのことに気づかないまま、あるいは気づかないふりをしたままで、何もなかったかのようにやり過ごしてしまいます。にもかかわらず、この深刻な矛盾は、人生の節目となるべき重要な場面で突然のごとく現われ、そんなわたしたちをがく然とさせ、苦しみ悩ませるのです。

しかし、幸いなことに、永遠に変わらない「わたし」が「わたし」だけで存在し、他者とたがいに何のつながりもなく、バラバラに孤立しているかのような見方は、唯一絶対ではありません。そのような見方がけっして絶対的なものではなく、仮に想定されたにすぎないものとして自覚されれば、それだけで永遠に存在するものなどなく、わたしたちはそれぞれたがいにつながりあい融合して存在しているという新しい見方の世界が開けてくる可能性があります。

瞑想《めいそう》などの実践を続けていくと、あるとき、ふとしたきっかけから、あらゆるものが一つの全体としてつながりあい、密接に関係しあっており、わたしたちはそのなかの一部でありながら、しかもそれがそのまま全体の生命を生きている、というような実感をきわめて鮮明に受けとることがあります。それがさとり体験です。「さとり」ではなく、あえてさとり体験と呼ぶことにします。バラバラにしか見えなかったものが、つながりのあるものとして見えてくる、というのがさとり体験です。単なるひらめきのようなものではなく、また、何も考えない、何も感じない、無機的な境地でもありません。むしろ、こころの奥底からの安堵をもたらしてくれるものです。

自己と世界が一つに融合して存在しているかのような認識のあり方によると、自己および自己を含む世界がそれぞれ意味をもち、緊密なつながりをもつものとして見えてきます。いまここでこうしていることが、宇宙が始まったときからすでにあるかのように、きわめて強い必然性をもって実感されます。「けっして独りじゃない」という安心感をもたらしてもくれます。このような認識のあり方を基盤とするコスモロジーを、つながりコスモロジーと呼ぶことにします。

よく誤解されますが、さとり体験をすること自体が重要なのではありません。さとり体験は一時的なものなので、それを安定した状態へとつなげていかなければなりません。すなわち、体験によって、ばらばらコスモロジーがもたらしていた「わたし」への過剰な執着に気づき、さらに体験をつみ重ねることによって、それを超越して、つながりコスモロジーへと安定的に成長していくことが最も重視されるところです。なお、ばらばらコスモロジーは、まったくなくなるわけではありません。わたしたちにとって、ある程度の必要性および妥当性があるからです。ただ、それに振りまわされたり煩《わずら》わされることは、しだいになくなります。

みずからが基盤とするコスモロジーの中心が、ばらばらコスモロジーからつながりコスモロジーへと移っていくのです。ばらばらコスモロジーでは矛盾のようにみえていたものが、つながりコスモロジーでは矛盾とはみえなくなります。人生の根幹に関わる疑問は、疑問そのものがなくなるというかたちで解決します。苦しみと感じていたものが、苦しみとは感じられなくなります。ゴータマ・ブッダは、このようにして苦しみを解決しました。こころが安定的に安らいでいる状態を実現したのです。

要約すると、ある特定の認識のあり方によって得られるコスモロジーを基盤にして世界や自分自身をみると、人生は苦しみにみえてしまう、しかし、別の認識のあり方によって得られるコスモロジーを基盤にして世界や自分自身をみると、人生は安らぎにみえてくる、たとえいまは苦しみと感じられているとしても、その苦しみは認識のあり方、ないし基盤をおくコスモロジーによって生じているのであるから、認識のあり方、ないし基盤をおくコスモロジーを変えさえすれば滅することができる、そして、ゴータマ・ブッダは、安らぎにいたる認識のあり方、ないし基盤をおくべきコスモロジーを説く、ということです。

『スッタニパータ』には、当時の思想家たちが「自分の見解だけが真理であり、他者の見解は虚偽である」と主張して、いい争っている様子が描かれています。だれも絶対的な根拠をもって、これが真理である、という主張をしているわけではありません。ただ自分が真理であると思っているだけです。これでは争いが止むことはありません。ゴータマ・ブッダは、そのような争いには関わらないという姿勢をとりました。ゴータマ・ブッダの関心は、自分の見解は真理である、と主張することではなく、わたしたちがどうしようもなく抱えてしまう苦しみの解決にあったからです。

ゴータマ・ブッダは苦しみを抱えている人たちに、認識のあり方、ないしコスモロジーを変えるという、いわば処方箋を説きました。ゴータマ・ブッダは安らぎにいたる認識のあり方、ないしコスモロジーを説くだけで、それを選択するのは苦しみ悩んでいる人たちです。ゴータマ・ブッダは、これは正しい、これは正しくない、という真理の基準を示したのではなく、苦しみ悩んでいる人たちがみずから安らぎをもたらす認識のあり方、ないしコスモロジーを選択できるように、その可能性を示したのです。

以上が、筆者の考える『スッタニパータ』のエッセンスです。これはまた、ゴータマ・ブッダの思想のエッセンスでもあり、仏教の思想全体のエッセンスでもあると考えています（ゴータマ・ブッダの思想が正しくて、それ以外の形態の仏教の思想が正しくないという意味ではありません）。本書では、筆者が前著（『スッタニパータ――さわやかに、生きる、死ぬ』ＮＨＫ出版、二〇〇七年）で『スッタニパータ』のエッセンスを取りだすために引用した部分は割愛されています。とはいっても、エッセンスにまったく触れないわけにもいかず、筆者の考察の前提ともなるものなので、ひとまずこのようなかたちで提示しておくことにします。

第二章　欲　望

一　欲望の対象

欲望の対象を欲する者は、そのことが叶えられれば、みずから欲するものを得て、じつにこころ喜ぶ。（七六六）

欲望の対象を欲して、貪欲《とんよく》が生じた者は、それらが失われてしまうと、矢に射られたかのように、こころ悩まされる。（七六七）

蛇の頭を〔わざわざ〕足で踏まないように、もろもろの欲望の対象を避ける者は、いつも気をつけて、世間において、この執着をのり超える。（七六八）

田畑、屋敷、黄金、牛馬、奴隷、召使、婦女、親族、その他多くの欲望の対象を貪《むさぼ》り求める者、（七六九）

そういう者を〔もともとは〕力をもたないものが圧倒し、災いがかれをうち砕く。そして、難破した船に水が入りこむように、苦しみがかれに従う。（七七〇）

それゆえ、人はつねに気をつけて、欲望の対象を避けるべきである。それらを捨て、船の水をくみ出して激流を渡り、彼岸に達するべきである。（七七一）

『スッタニパータ』第四章第一経の全部です（数字は『スッタニパータ』の詩の通し番号です）。わずか六つの詩から構成されています。

わたしたちが日常の生活でくり返しているようなことが話題になっています。ほとんど説明する必要のないくらいストレートな表現で、最初の方はそのままうなずいてしまうかもしれません。ゴータマ・ブッダの時代の仏教を色濃く反映している『スッタニパータ』には、このような素朴なことばが多く残されています。理論化とか体系化といった意図や傾向があまり見受けられないので、肩が凝らずに読むことができます。

しかし、素朴で読みやすいことは、そのまま分かりやすいことにはつながりません。とくに最後の方は納得できないでしょう。なぜなら、わたしたちの人生観とかなり違うからです。わたしたちの多くは、「人生楽ありゃ苦もあるさ」という『水戸黄門』の主題歌のような人生を、最も共感できるモデルとして採用して生きています。たしかにここに説かれているような苦しみはあるかもしれないが、欲望の対象を得ることによる喜びもある、その両面を見るべきだろうと考えます。

喜びがあり悲しみがあり、それが人間らしい人生である。自分も人間らしく生きてきた。苦しいこともあったが楽しいこともあった。多少の悪いこともしたが善いこともした。それらをすべて含めて、わたしの人生だ、と。人によっては「マイ・ウェイ」を歌いだすかもしれません。

「人間らしい」とは、どういうことでしょうか。

わたしたちはよく「人間だからしかたがない」というような言い方をします。そのときの「人間だから」ということばは、おおよそ自分の過失を隠すときの口実として使われています。たとえば、「人間だから時間に遅れてもしかたがない」といいます。「わたしが遅刻しました」といえば、責任は自分にあり、反省して改めることもできます。しかし、「人間だから」というと、「わたしは悪くないし、責任もありません。なぜなら人間だから」ということになります。自分が人間を代表しているかのような言い方ですが、人間のすべてが遅刻するわけではありません。ただこのようにいって、自分の責任を人間全体にあずけようとしているだけです。しかも、「しかたがない」と開き直り、反省もしないし改める気持ちもないことを表明しているのです。

「人間らしい」というのもよく似ています。「感情を表に表わすのが人間らしい。感情を表に表わさないのは人間らしくない」などといわれます。自分が好む人間像、ないし自分を超えることのない人間観がそこに表現されています。おそらく意識していないと思いますが、自分が人間の頂点にいて人間全体を見おろしているかのような、多少の傲慢さも感じられます。そのような傲慢さを見せる反面で、人間すなわち自分は現状以上に成長できないかのように、自分自身の限界も自分で勝手に設定してしまっています。謙虚なのではなく、おそらく想像がつかないのだと思います。それ以外の人間のモデル、ないし人生のモデルが身近に見あたらないからです。

そんなわたしたちですが、一方では、人生はそれだけではないだろう、もっと大切なことがあるのではないか、と真剣に考えるときも少なからずあります。人生についてよくよく考えてみると、自分の人生であるにもかかわらず、実際には知らないことばかりです。なぜ生まれてきたのか、どのように生きればよいのか、死んだらどうなるのか、人生の意味とは何か、人生とは生きるに値するものなのか、などなど、重要と思われることについてよく知りません。

それを知らずに生きることは、人生にじかに触れていないような、パック詰めされた人生を歩んでいるような、人生に直接参加していないような感じです。かゆい所に手が届かないようないらだちや焦りをもたらします。同時に、自己の存在の根源に触れたいという欲求がたまらなく沸きおこってきます。それを知らずに死んでいくことは、この人生に何か大切な忘れ物をしたような気分なのです。

このような、人生の根本における訳のわからなさに起因する不安や恐れは、わたしたちのこころの奥底にひそんで、ふだんは姿を隠していますが、ふとしたおりに顔を現わして、わたしたちを悩ませます。「そんな余計なことを考えるからいけないのであって、考えることをやめればよい」という方法でも、あるいは「そんなことなど知らなくても生きていけるから大丈夫」というアドヴァイスでも解決できません。『スッタニパータ』にも、同じようなことが述べられています。

かれらは欲望の対象を貪り求め、惑いながらも、吝嗇《りんしょく》で、不正のなかに留まっている。そして、苦しみがもたらされると嘆き悲しむ。ここから死んで、われわれはいったいどうなるのだろうか、と。（七七四）

冒頭の経にもどると、欲望の対象がけっきょくは苦しみをもたらすことを見極めたならば、つねに気をつけて避けるように、というきびしい指摘があります。そのまま文章がつづけば、欲望の対象に影響されないように生活のあり方を調えるという意味で、出家《しゅつけ》が勧められるはずだと思われます。『スッタニパータ』全体をみても、在家《ざいけ》にとどまっていないで、出家して修行しなさい、ということがさかんに勧められています。なぜなら、「〔俗〕世間にありながら、もろもろの欲望の対象を捨てることは容易ではない」（七七二）からです。

出家して修行すると、いったい何が得られるのでしょうか。それは、死を遠ざけず、また生に執着せず、嘆きや悲しみを排除せず、また楽しみや喜びに固執しない生き方、ないしは死に方です。その根底には「安らぎ」があります。安らぎとはどのようなものか、またどのようにすれば安らぎにいたれるのか、ということについては、前章の『スッタニパータ』のエッセンスを参照していただければと思います。いずれにしても、わたしたちには容易に受けいれがたい人生観ないし人間観だと思います。ゴータマ・ブッダは、わたしたちの思いもかけないことを説いているのです。

最後の詩には、「欲望の対象を避け、捨てて、激流を渡り、彼岸に達するべきである」と説かれています。出家して修行するというプロセスは、『スッタニパータ』を伝承した人々のあいだでは、当然のごとく広く共有されていたのでしょう。わたしたちには、途中が省略されていて、かなり飛躍しているように感じられます。それは共有する部分が少ないからだと思います。

二　欲望と出家

葉を落としたコーヴィラーラ樹のように、勇者は在家者のしるしを落とし、在家者の束縛を断ち切って、犀《さい》の角《つの》のようにただ独りで歩め。（四四）

葉を落としたパーリチャッタ樹のように、在家者のしるしを取り去り、袈裟衣《けさえ》をまとい出家して、犀の角のようにただ独りで歩め。（六四）

人々は「わたしのもの」と思うもののために嘆き悲しむ。所有物はいつまでもはないからである。これはかならずなくなるものであると見て、在家に〔留まって〕いるべきではない。（八〇五）

もろもろの欲望の対象を捨て、家なくして歩み、よく自己を制御して、〔織機《しょっき》の〕梭《ひ》のように真っ直ぐな人々がいれば、そのような人々に、時に応じて供物《くもつ》をささげるがよい。（四六四＝四九七）

「出家」は、わたしたちにはまったく予想もつかない対応の仕方です。わたしたちは「出家」ということばを聞いたとたんに、自分とは関係のない世界を想像してしまいます。『スッタニパータ』を読んだ人の多くは、ゴータマ・ブッダの思想のなかに、自分自身の生死の問題を解決したり、人間観ないし人生観を広げ、精神的に成長するためのヒントがありそうなことを感じとります。しかし、それをみずからの思想とすべく具体的に学ぶためには、かならず出家しなければならないというのであれば、自分とは縁のない話だと考えてしまいます。

わたしたちにとっては、そもそも出家という前提に無理があるので、もう一歩踏みこんで思想を深めることができません。ゴータマ・ブッダの思想とはいっても、しょせん特殊な時代の、特殊な地域の、特殊な人間の、特殊な考え方である、と自分から切り離して捉えなおすようになります。二五〇〇年前のインドだから可能な話で、それをそのまま現代の日本にもってきても全然通用しない、と割りきって、それ以上の探求をあきらめてしまうのです。

そうして、もとの世間並みの人間観ないし人生観にもどってしまいます。やはり自分にとってはこれ以外にはないのだ、と自分自身を多少ごまかし、納得させます。出家が前提とならず、自分に受容できる常識的な範囲で、ゴータマ・ブッダの思想ないし仏教の思想を理解するようになります。在家者に向かって語られたことば、在家者としての心得のようなものが最も好ましい教えです。たとえば、「悪いことをせず、善いことをしなさい」。これ自体は大切な徳目ですが、それだけではゴータマ・ブッダの思想の本質には届きません。

『スッタニパータ』を読んでも、受容できる部分だけしか目に入りません。受容できない部分は読みとばしてしまいます。たとえ目に止まったとしても、「その通りかもしれないし、そうであればいいと思うが、自分とは関わりはない」などと考え、ゴータマ・ブッダがあたかもはるかに遠い理想を語っているようにしか感じられなくなります。これらの反応は、自分自身を守るためには正当かつ有効ですが、反面では残念でもあります。本音では、わたしたちは精神的にもっと成長したいと願っているからです。

出家することがそのまま「安らぎ」につながるというのであれば、出家することは必須の条件になります。欲望の対象を避け、捨てれば、かならず「安らぎ」にいたれるというのであれば、欲望の対象を避け、捨てることが必須の条件です。しかし現実は、欲望の対象を避け、捨てて、出家したとしても、それがそのまま「安らぎ」につながるものではありません。肝心なのは出家そのものではなく、出家したうえで修行することです。

「欲望の対象を避け、捨てる」ことを勧めるのは、〔出家して〕修行をしやすくするための環境整備の一環として、みずからの生活環境を調えるという趣旨なのではないでしょうか。修行の妨げとなる、わたしたちのこころを誘惑するものを身の回りにおかないようにする、ということです。たとえば、勉強しなければならない受験生が、勉強に集中できるように、テレビのない環境に身をおくようなものです。テレビが身の回りにあるとつい観てしまいます。つまらない番組でも最後まで観て、時間を無駄にしたことを後悔します。テレビがなければ観ることはありません。時間をもっと勉強のために使えます。どんなに意志の強い人でも、近くにあると誘惑に負けてしまいます。そのように、修行の妨げになるものを身の回りにおかないために、欲望の対象を避け、捨てること、ひいては出家することが勧められているのです。

第七〇詩では、欲望の対象を貪り求める者には〔生活環境が調わないだけでなく〕苦しみが従う、と説かれています。「〔もともとは〕力をもたないものが圧倒し、苦しみが従う」といいます。たとえば、遺産をめぐっての争いがあります。これまで自分のものではなかった財産が自分のものになるということから欲が生じます。けっして自分の財産が減るわけではありません。財産は確実に増えるにもかかわらず、それには感謝せず、欲が出て、自分が少なくて他人が多いといって怒ります。争いが起こり、悩みや苦しみがもたらされます。〔もともとは〕力をもたないものが機会を得て、わたしたちを悩ませるのです。遺産がなければいままで通り、怒りもなければ争いもなく、争いにともなう悩みや苦しみもありません。

ここで少し整理してみましょう。まず、出家するだけで「安らぎ」にいたれるというものではありません。「安らぎ」にいたるためには修行が必要です。出家は修行するための環境としては最適とみなされており、逆に、在家は修行をするための環境とすれば最悪と考えられています。

青いくび〔が美しい〕孔雀であっても、空を飛ぶときには、どうしても白鳥の速さに及ばない。そのように、在家者は、世を離れて林のなかで瞑想する出家修行者・聖者に及ばない。（二二一）

もろもろの欲望の対象を顧みることなく、離れ行ない、激流を渡った聖者を、もろもろの欲望の対象に縛られた人々はうらやむのである。（八二三）

筆者は、最悪にしろ、在家であっても「安らぎ」にいたれると考えます。そうでなくては、現代人にとって、ゴータマ・ブッダの思想は実質的な意義をもちません。ゴータマ・ブッダの思想の本質において、出家に対して過剰に反応することはないと考えます。ただし、在家でも修行は必要です。そのまえに、もちろん生活を調えなければなりません。筆者は、在家者にとって「出家」に相当するのは「少欲知足《しょうよくちそく》」ではないかと思います。修行の結果「少欲知足」の境地にいたるのではなく、そこから修行が始まるのです。目指すのは「少欲知足」ではなく、「安らぎ」です。

このことを考えるときに、盲点のようなものがあります。わたしたちは修行というと、なぜか一〇〇％の結果を想定し期待します。安らぎや少欲知足についても、同じように一〇〇％の結果を想定し期待します。これまでの筆者の表現にも、一〇〇％のニュアンスが感じられます。ことばそのものに、そのようなはたらきがあるからです。

一〇〇％の少欲知足を達成したうえでないと、一〇〇％を目指す修行が始められないというわけではありません。こころのあり方が、ばらばらコスモロジーからつながりコスモロジーへ移行する方向にわずか一％だけ動いて、一％の安らぎが得られたとしても、それだけでわたしたちの人生観ないし人間観は変化しはじめて、生きることが徐々にさわやかに充実してきます。一〇〇％の結果を求めると、その時点であきらめてしまいがちです。わたしたちにとって、修行を一〇〇％完成させることが重要なのか、それとも、自分たちの生き方が少しでもさわやかに充実することの方が重要なのか、それを考えるべきだと思います。

三　欲望の消滅

仏教には「四諦《したい》（四つの真実）説」という教えがあります。それは、ゴータマ・ブッダが初めて教えを説いたときの様子を伝える経典に含まれており、仏教ないしゴータマ・ブッダの思想の根本を示す教えとしてよく知られています。四つの真実とは、(1)これは苦しみであるという真実、(2)これは苦しみの生起《しょうき》(原因)であるという真実、(3)これは苦しみの消滅であるという真実、(4)これは苦しみの消滅に導く道であるという真実、です。『スッタニパータ』においても、第三章第十二経に、つぎのように説かれています。

苦しみを知らず、苦しみが生起する〔原因を知らず〕、苦しみがすべてにわたり残りなく滅びるところを〔知らず〕、苦しみの消滅に導く道を知らない人々、(七二四)

かれらは心の解脱《げだつ》を欠き、また智慧の解脱を〔欠く〕。かれらは〔苦しみを〕終わらせることができない。かれらはじつに生まれと老いとを受ける。(七二五)

苦しみを知り、苦しみの生起する〔原因を知り〕、苦しみがすべてにわたり残りなく滅びるところを〔知り〕、苦しみの消滅に導く道を知った人々、(七二六)

かれらは心の解脱をそなえ、また智慧の解脱を〔そなえている〕。かれらは〔苦しみを〕終わらせることができる。かれらは生まれと老いとを受けることがない。(七二七)

これだけでは、あまりにも大枠すぎるという感じをもたれるかもしれません。続く第七二八詩から第七五一詩には、より具体的に、何によって苦しみが生じるのか、何によって苦しみが消滅するのか、ということが説かれています。詩の部分よりも、前後に付されている散文の部分の方がわかりやすいので、そこから引用することにします。

「何であれ苦しみが生じるのは、すべて〔生存の〕しがらみに縁《よ》ってである。しかし、〔生存の〕しがらみが残りなくなくなり消滅すれば、苦しみが生じることはない。」

「何であれ苦しみが生じるのは、すべて無知（無明《むみょう》）に縁ってである。しかし、無知が残りなくなくなり消滅すれば、苦しみが生じることはない。」

「何であれ苦しみが生じるのは、すべて自己形成力（行《ぎょう》）に縁ってである。しかし、自己形成力が残りなくなくなり消滅すれば、苦しみが生じることはない。」

「何であれ苦しみが生じるのは、すべて意識（識《しき》）に縁ってである。しかし、意識が残りなくなくなり消滅すれば、苦しみが生じることはない。」

「何であれ苦しみが生じるのは、すべて接触（触《そく》）に縁ってである。しかし、接触が残りなくなくなり消滅すれば、苦しみが生じることはない。」

「何であれ苦しみが生じるのは、すべて感受（受《じゅ》）に縁ってである。しかし、感受が残りなくなくなり消滅すれば、苦しみが生じることはない。」

「何であれ苦しみが生じるのは、すべて欲望（愛《あい》）に縁ってである。しかし、欲望が残りなくなくなり消滅すれば、苦しみが生じることはない。」

「何であれ苦しみが生じるのは、すべて執着（取《しゅ》）に縁ってである。しかし、執着が残りなくなくなり消滅すれば、苦しみが生じることはない。」

「何であれ苦しみが生じるのは、すべて発動に縁ってである。しかし、発動が残りなくなくなり消滅すれば、苦しみが生じることはない。」

「何であれ苦しみが生じるのは、すべて食物に縁ってである。しかし、食物が残りなくなくなり消滅すれば、苦しみが生じることはない。」

「何であれ苦しみが生じるのは、すべて〔こころの〕動揺に縁ってである。しかし、〔こころの〕動揺が残りなくなくなり消滅すれば、苦しみが生じることはない。」


このように、苦しみの原因がさまざまに説かれています。あるいは、思いつくままに原因をあげているだけのような印象を受けるかもしれません。何がより根源的であるか、という探求がまだなされていないようです。したがって、当然ながら、苦しみが生じるそもその原因は何か、という点もまだ確定されていません。それでも、のちに十二因縁《じゅうにいんねん》と呼ばれるようになる項目が多く含まれていること、さらにそれらがある一定の順序でならんでいることに気がつくと思います（カッコ内は十二因縁の各項目の伝統的な漢訳語です）。根源的な原因をたずねて十二因縁説へと進展していきそうな、教義としての体系化が始まりそうな、そんな兆しをかすかに感じさせてくれます。

十二因縁説は、ゴータマ・ブッダが初めて目覚めたときの様子を伝える経典に含まれています。それによると、「無知という縁から自己形成力が生じ、自己形成力という縁から意識が生じ、意識という縁から外的対象世界（名色《みょうしき》）が生じ、外的対象世界という縁から六つの〔認識の〕場（六入《ろくにゅう》）が生じ、六つの〔認識の〕場という縁から〔感官と対象と意識との〕接触が生じ、〔感官と対象と意識との〕接触という縁から感受が生じ、感受という縁から欲望が生じ、欲望という縁から執着が生じ、執着という縁から生存（有《う》）が生じ、生存という縁から生まれ（生《しょう》）が生じ、生まれという縁から老、死、愁《うれ》い、悲しみ、苦しみ、憂い、悩みが生じる。このようにして、あらゆる苦しみが生じる。しかしながら、無知が残りなくなり消滅するがゆえに自己形成力が消滅し、自己形成力が消滅するがゆえに意識が消滅し、意識が消滅するがゆえに外的対象世界が消滅し、外的対象世界が消滅するがゆえに六つの〔認識の〕場が消滅し、六つの〔認識の〕場が消滅するがゆえに〔感官と対象と意識との〕接触が消滅し、〔感官と対象と意識との〕接触が消滅するがゆえに感受が消滅し、感受が消滅するがゆえに欲望が消滅し、欲望が消滅するがゆえに執着が消滅し、執着が消滅するがゆえに生存が消滅し、生存が消滅するがゆえに生まれが消滅し、生まれが消滅するがゆえに老、死、愁い、悲しみ、苦しみ、憂い、悩みが消滅する。このようにして、あらゆる苦しみは消滅するのである」となっています。

ゴータマ・ブッダが重要視したのは、苦しみがある、もしくは苦しみが生じる、ということではなく、苦しみは消滅する、ということでした。苦しんでいる人は、苦しみを終わらせてほしいはずです。苦しみが生じていることは充分わかっています。たとえば、具合が悪くなって病院に行くことを考えてみましょう。具合が悪いという自覚はあるのです。なければ病院には行きません。医者は症状を見て、おおよそこのような病気であろうと予診します。必要があれば検査をして確かめます。それから症状をひき起こしている原因を把握します。把握できてから治療法を考えます。症状をひき起こしている原因をとり除くことが、一般的に治療と呼ばれる行為です。それが適切であれば、治癒へと導かれていきます。原因を見極めて、適切な方法により、原因をとり除いて、病気を治すのが医者の務めです。

苦しみという症状をひき起こしている根源的な原因として、四諦説では「欲望」が想定されています。十二因縁説には「欲望」も含まれますが、より根源的な原因を探って因果の連鎖をたどり、「無知」にいたりつきます。筆者は、苦しみに関連していえば、無知ではなく、自己形成力こそを問題とすべきと考えますが、ここでは立ちいりません。欲望に焦点をしぼります。欲望が、数ある苦しみの原因のなかで、最も根源的な原因の一つと考えられていることに注目したいと思います。

欲望に焦点をあてて苦しみとの関連で考えると、「欲望があることによって、苦しみが生じる。苦しみを消滅させる、ないしは苦しみを生じないようにするためには、欲望を消滅させなければならない」ということになります。「欲望を消滅させる?」それはいったい、どういうことなのでしょうか。「出家」につづいて、わたしたちはまた困ってしまいます。

四　欲望の消滅の解釈

「苦しみを消滅させるためには、その原因である欲望を消滅させなければならない。」このことから、「仏教は欲望をなくすことを説く宗教である」というように理解している人々がいます。それは正当なようにみえます。現実に経典にも、そのように説かれているからです。

欲望の消滅を求めて怠らず、聡明にしてよく学び、念《おも》いをとどめて真理を究め、自制し努力して、犀の角のようにただ独りで歩め。（七〇）

あらゆるものに打ち勝ち、あらゆるものを知り、賢明で、あらゆる事柄に染まらず、あらゆるものを捨て、欲望が消滅して解脱した人、賢者たちはまさしくかれをも聖者であると知る。（二一一）

トーデイヤよ、もろもろの欲望の対象が〔こころに〕とどまることなく、欲望がなくなり、もろもろの疑惑を超えた者には、〔それより〕他の解脱はない。（一〇八九）

世の中の人々は喜びに束縛されている。思いが束縛される原因である。欲望を捨てることによって安らぎがあるといわれる。（一一〇九）

ピンギヤよ、欲望にかられて苦悩を生じ、老いに打ちひしがれている人々を、あなたはまのあたりにしている。それゆえ、ピンギヤよ、怠ることなく〔努め〕、〔迷いの〕生存が再びないように、欲望を捨て去りなさい。（一一二三）

しかし、何かが変です。わたしたちは直観的にそのように感じます。それは、欲望をなくす、あるいは欲望を消滅させる、ということが具体的にイメージできないからです。そんなことがあり得るのでしょうか。経典には確かにそのように説かれていますが、それを理解できません。思考が追いついていかないのです。「欲望がなくなると、どのような人間になるのでしょうか」。仏教の理解がそこで止まってしまいます。少なくとも、自分自身の思想にはなりません。

わたしたちは欲望といわれると、食欲や性欲や睡眠欲や生存欲や所有欲などなど、さまざまな欲望を思いうかべます。それらの欲望はあるのが当然だと思っているので、欲望がなくなった状態をイメージできません。食欲や睡眠欲などの、わたしたちが生きていくうえで基本的な欲望がなくなってよいものでしょうか。また、生存欲がなくなったら、いったいどうなるのでしょうか。わたしたちは生きていけるのでしょうか。それとも、死んだ方がよいとでもいうのでしょうか。

またたとえば、何かを学びたいとか、よりよく生きたいという意欲や向上心などのように、わたしたちが日常で大切に思っている欲望をすべてなくしたら、生きている意味も失われるような気がします。意欲も何もなくした人間には、だれもなりたいとは思わないでしょう。人生の目的にはとうていなりません。苦しみから逃れて安らぎにいたるというのは、そのような人間になることなのでしょうか。そうであれば、まったく受けいれがたいことです。

仏教が現実味のない遠い思想になっていきます。「欲望がなくなった人」は、わたしたちの手のまったく届かないところにいます。自分たちとは関係のない世界のように感じられます。それでも、わたしたちは、仏教の経典に説かれているのだから、それなりの意義はあるのだろう、と考えます。伝統への敬意は失われていないからです。仏教の伝統を尊重する気持ちがあるだけに、その思想を批判的に考察することができません。わたしにはできないけれども、できる人が確かにいて、それは尊敬に値するものである、と考えます。ゴータマ・ブッダは、雲の上の存在のように祭りあげられてしまいます。

これでは、わたしたちの「変だな」という感じは解決できません。そこでわたしたちは、違う形で仏教を理解することができないかと考えます。少しでも自分を納得させたいがために、あるいは仏教を自分に近づけたいという気持ちから、欲望をなくすということについて、みずからに引きよせていろいろと考えます。

まず、欲望をなくすといっているのは、本当に欲望をなくすという意味なのではなく、欲望を最小限にするという意味なのではないか、と考えることができます。すなわち、欲望がまったくなくなるということは現実的ではないので、あるいはみずからの考察の前提として欲望がないというのは都合が悪いので、欲望はあるけれども最小限になっている、ほとんどなくなった状態になっていることである、と解釈するのです。しかし、欲望が最小限になるといっても、最小限というのがどの程度なのかははっきりしません。人によって程度が異なるのは明らかです。実質がともなわない議論となり、考察はそこから先に進みません。けっきょく、欲望はなくなるのではない、ということ以外に伝わるメッセージはないように思われます。

同じように、本当に欲望をなくすのではなく、欲望はあるのだけれども、それがはたらかないようになるという意味なのではないか、と考えることもできます。これも欲望がまったくなくなるというのは考察上都合が悪いので、欲望があることは認めようという立場です。しかし、はたらかなくなれば、なくなったも同然なのではないでしょうか。どう違うのかが明確ではありません。これも表現の仕方によって問題を解決しようとしているだけのように思われます。欲望はあるということを前提として、欲望がなくなる方へ近づけようとするのですが、もともと無理があるのでうまくいきません。

欲望をなくすのではなく、欲望を抑制するという意味なのではないか、と考えることもできます。これは『スッタニパータ』にも説かれています。「〔およそ人々を酔わせるもの〕それらに対する欲〔望〕を抑制しなさい」（三八七）。しかし、これはプロセスをいっているのであって、抑制した結果、欲望はどうなるのでしょうか。欲望はまったくなくなるのではなく、抑制しているときだけ、はたらかなくなるということのようです。ということは、抑制ができなくなれば、再び現われてくるということです。

戒律を守り、きびしい修行に耐えるのは、欲望を抑えているのだと想像されます。修行とは我慢大会の別名です。一般的な修行のイメージは、このあたりで形成されているように思われます。ゴータマ・ブッダは最も我慢強い人といえるでしょう。それでも、疑問は残ります。我慢さえすれば、本当に安らぎが得られるのでしょうか。我慢することと安らぎとがうまく結びつきません。無理に結びつけようとすると、欲望を抑えることそのものが目的になってしまう恐れがあります。結果が問われなくなるのです。

欲望をなくすのではなく、欲望はあってもよいが、貪ることがよくない、と考える人もいます。これも『スッタニパータ』に説かれています。「ジャトゥカンニンよ、もろもろの欲望の対象に対する貪りを抑制しなさい」（一〇九八）。欲望をなくすということにこだわると考察上無理があるので、そこのところを考慮に入れないようにしています。都合のいいことに、中道《ちゅうどう》という教えがあります。禁欲と貪欲という両極端を避けて、ほどほどにするのがよいと解釈するのです。

わたしたちは小さいころから「舌切り雀」などの昔話を聞かされて育っているので、あまり欲張らない方がよい結果がもたらされるという生活の智慧は、ある程度身につけています。現実にわたしたちの多くは、ときどき欲張って失敗することもありますが、平均するとそんなに欲張ってはいません。それはいわゆる、ふつうの人々の生活です。そのために特別な修行はいらないし、出家する必要もありません。ゴータマ・ブッダは世俗の道徳を説いていることになります。

以上のように、欲望はなくなると考えると、ゴータマ・ブッダは雲の上の存在になってしまいます。これはいくら何でも高く見積もりすぎだと思います。一方、欲望はなくならないと考えると、ゴータマ・ブッダはわたしたちと同じふつうの存在になってしまいます。これはこれであまりに低く見積もりすぎていると思います。

五　欲望から慈悲へ

わたしたちが仏教における欲望を考えるときに、知らず知らずのうちに前提としていることがあります。

(1)わたしたちは、ゴータマ・ブッダ（あるいは、ブッダになった人）とわたしたち凡夫《ぼんぶ》とのあいだには、すべてにわたって明確な違いがあると思っています。

⑵食欲や性欲や睡眠欲など、多くの種類の欲望を想定しているにもかかわらず、それらは基本的に同じ「一つの欲望」であると思っています。

これら二つの前提にもとづいて欲望を考察すると、まず⑴から、ゴータマ・ブッダのもつ欲望とわたしたち凡夫のもつ欲望には、何か明確な違いがないといけません。さらに⑵によって、欲望は同じ「一つの欲望」であると思っているので、当然のごとく、「一つの欲望」という限定のなかで違いを見出そうとします。それは具体的には、「欲望があるか、ないか」「欲望が多いか、少ないか」「欲望がはたらいているか、はたらいていないか」「欲望が抑制されているか、抑制されていないか」「欲望を貪っているか、貪っていないか」という違いとして現われてきます。

結果は前節で検討したとおりです。わたしたちには、欲望がなくなったゴータマ・ブッダはイメージできません。イメージできないものを目標にすることはできないので、仏教そのものが思想として意義をもたなくなります。欲望がなくなれば、苦しみがなくなり、安らぎにいたる、という仏教の目指すべき方向もわからなくなります。何でもいいから欲望をなくしさえすれば万事は解決する、というような安易で無理なこじつけが生まれる恐れすらあります。もちろん、何にも解決しないことは暗黙のうちに承知のうえです。

また、欲望をもったゴータマ・ブッダはイメージできますが、そうなると、ゴータマ・ブッダはわたしたち凡夫とほとんど違いのない存在になります。出家や修行がかならずしも必要でなくなり、ゴータマ・ブッダの実際のあり方ともずれを生じ、思想の本質においても逸脱してしまいます。世俗の道徳だけを説くのであれば、わざわざブッダをもちだすことはないと思います。思想としての仏教は、ここでも意義をもちません。

このジレンマをどうすれば克服できるでしょうか。ゴータマ・ブッダとわたしたち凡夫とのあいだには明らかに相違がある、ということについては異論はないと思います。問題は、欲望を「一つの欲望」と思っている点です。筆者は、欲望をめぐる混乱を解決するためには、「一つの欲望」ではなく、レヴェルの異なる「二つの欲望」を想定すればよいのではないかと思います。ゴータマ・ブッダとわたしたちとの違いは歴然としています。ゴータマ・ブッダには、おもにつながりコスモロジーの認識のあり方を根底にもつ欲望があり、わたしたちには、ただばらばらコスモロジーの認識のあり方を根底にもつ欲望があるのです。

欲望があるかないか、という問題にあてはめると、わたしたちには、ただばらばらコスモロジーの欲望があり、つながりコスモロジーの欲望はありません。一方、ゴータマ・ブッダには、ばらばらコスモロジーの欲望もつながりコスモロジーの欲望もあります。ただし、おもにつながりコスモロジーの欲望がはたらいており、ばらばらコスモロジーの欲望はほとんどはたらいていません。

ばらばらコスモロジーの欲望がほとんどなくなったゴータマ・ブッダの姿は、ばらばらコスモロジーの欲望という「一つの欲望」しか想定できないわたしたちには、あたかも欲望そのものがなくなったように見えるのです。なくなったように見えるのは、あくまでもばらばらコスモロジーの欲望です。ゴータマ・ブッダの欲望のあり方の中心軸は、すでにばらばらコスモロジーの欲望からつながりコスモロジーの欲望の方へと移行しているのです。このように考えると、欲望〔そのもの〕がなくなった〔ように見える〕ゴータマ・ブッダのイメージが、おぼろげながらも浮かびあがってくるのではないでしょうか。

欲望があるから苦しみがある、欲望がなくなれば苦しみはなくなる、といわれます。これも詳しくいえば、ばらばらコスモロジーの欲望があるから苦しみがあり、ばらばらコスモロジーの欲望がなくなっていき、つながりコスモロジーの欲望が主になれば、苦しみはなくなるといっているのです。わたしたちには肯定すべきものと考えられる意欲や向上心にしても、ばらばらコスモロジーを背景とするかぎりは結果的に苦しみをもたらす、とみなされています。わたしたちの人生の基本となるべき食欲や睡眠欲や生存欲についても同様のことがいえます。

レヴェルの違う欲望があります。ばらばらコスモロジーの欲望だけを想定して、そのあるなしや多い少ないを議論しても、ほとんど意味はありません。また、わたしたち自身にとっても、ばらばらコスモロジーの欲望を抑制したり我慢しても、何の解決にもなりません。重要なのは、ばらばらコスモロジーの欲望を、つながりコスモロジーの欲望へと質的に高め成長させていくことなのです。

ここでは、「成長」という観点が必要とされます。横断歩道の渡り方で、成長のあり方を譬えてみましょう。幼いころ、わたしたちは両親の背中におぶわれて横断歩道を渡ったでしょう。歩けるようになると、親しい人たちに手を引いてもらって渡りました。少し大きくなると、黄色い旗をもち、左右を確認して、独りで渡ることができるようになりました。もう少し大きくなると、旗ももたずに、信号にしたがって渡ることができます。

このように、大きくなると、それ以前の渡り方はすべてできるけれど、あえて採用せず、新しい渡り方で渡るようになります。これが成長です。前の段階をすべて含みつつ超えているのです。成長はいわゆる「上書き」ではありません。前の段階は否定されつつ保存されています。ただ新しい段階が優先的に採用されるので、前の段階はなくなったかのように見えるのです。

これら「二つの欲望」は、つながりコスモロジーの欲望がばらばらコスモロジーの欲望を含んで超えるという関係にあります。ばらばらコスモロジーの欲望を含みながらも、欲望のあり方の中心軸が、ばらばらコスモロジーの欲望からつながりコスモロジーの欲望へと移っていくのです。なおこれまで、欲望が「なくなる」という表現を慣習的に使ってきましたが、実際にはなくなりません。ばらばらコスモロジーの欲望は、主役の座からおろされて、なくならないまでも、しだいにほとんど機能しなくなっていくのです。

それでは、ばらばらコスモロジーの欲望をつながりコスモロジーの欲望へと質的に高め成長させるためには、どうすればよいのでしょうか。表面に現われた、ばらばらコスモロジーの欲望の一つひとつに対応することはできません。いまこの瞬間のこの欲望が、はたしてばらばらコスモロジーの欲望なのか、それともつながりコスモロジーの欲望なのか、という判断はつかないでしょう。もっと根源的な領域に目を向ける必要があります。

それぞれのコスモロジーの欲望を生みだしているのは、それぞれのコスモロジーの認識のあり方です。したがって、ばらばらコスモロジーの欲望を生みだす認識のあり方を、つながりコスモロジーの欲望を生みだす認識のあり方に転換し統合すればよい、ということが理解されると思います。転換し統合するという意味も、前段階を含みながらゆるやかに成長していく、と考えるとわかりやすいのではないでしょうか。認識のあり方を成長させていけば、おのずと欲望のあり方も成長していきます。そのために瞑想などの修行があり、修行に専念するためには、出家という形態が最もふさわしいと考えられたのです。

たとえば、母親がたった独りのわが子を生命をかけて守るように、まさしくそのようにも、あらゆる生き物に対して限りのない〔慈悲《じひ》の〕こころを起こせ。（一四九）

四諦説における欲望の解釈は、つぎのようになるでしょう。欲望とは、ばらばらコスモロジーの欲望です。欲望の消滅とは、ばらばらコスモロジーの欲望の消滅であり、それが消滅した後は、欲望はつながりコスモロジーの欲望へと質的に高められ成長しているのです。

ばらばらコスモロジーの欲望は消滅するが、欲望はつながりコスモロジーの欲望へと質的に高められ成長している、ということを言い換えれば、自己中心的な欲望は消滅するが、欲望は世界中心的な欲望へと質的に高められ成長している、ともなるでしょう。あるいは、凡夫の欲望は消滅するが、欲望はブッダの欲望へと質的に高められ成長している、といってもよいでしょう。

質的に高められ成長した欲望は、上記のように、つながりコスモロジーの欲望、世界中心的な欲望、ブッダの欲望などと言い換えられますが、身近により端的な表現があるのではないでしょうか。筆者は「慈悲」と呼ぶことを提案します。自分のことしか考えられない欲望が、他者のことも自分のことのように考えられる欲望へと質的に高められ成長していくのです。慈悲と表現するのが最もふさわしいでしょう。無知が智慧へと成長するように、欲望は慈悲へと成長するのです。

〔優れた〕「わたし」が〔劣った〕他者を救いたいとか、上の者が下の者に憐れみをたれる、といったこころのあり方は、いまだ欲望のレヴェルにとどまっており、ここでいわれる慈悲に相当しないことは容易に理解できると思います。「母親が独り子を生命をかけて守る」という譬えもあるように、生きとし生けるものをわがことのように思えるこころのあり方こそが、成長をとげた欲望、すなわち慈悲に相当するのです。「欲望がなくなると、どのような人間になるのでしょうか」という問いには、「欲望がなくなると、慈悲をもった人間になる」と答えることができるでしょう。

第三章　わたし、わたしのもの

一　こころとからだ

これまで欲望について考えてきました。欲望に関して、より根源的かつより現実的な解決可能性を追及していけば、問題にすべきなのは欲望そのものではなく、またばらばらコスモロジーの欲望でもなく、ばらばらコスモロジーの欲望をもたらすばらばらコスモロジーの認識のあり方である、ということが理解されたと思います。

ゴータマ・ブッダにおいては、永遠に変わらない「わたし」を中心にして、「わたし」と「わたし以外のもの」とが何のつながりもなく、バラバラに分離され孤立して存在しているという、ばらばらコスモロジーの認識のあり方こそが、わたしたちの苦しみを作りだす根本的な原因と考えられています。欲望にしても、欲望の対象にしても、いずれにしても、「わたし」の欲望であり、「わたし」の欲望の対象であるという点が、わたしたちにとっての手がかりになるでしょう。安らぎにいたるためには、「わたし」という執らわれやこだわりの原因を作るか、作らないか、が重要なのです。

「わたし」ではないものを「わたし」と思いこみ、心身（こころとからだ）に執らわれている、神々を含む世界〔の人々〕を見よ。〔かれらは〕「これ〔こそ〕が真実である」と考えている。（七五六）

かれらが〔心身について〕あれこれ考えてみても、それはその〔考え〕とは異なるものとなる。なぜなら、〔かれらの〕その〔考え〕は偽りであり、はかない虚妄《こもう》のものだからである。（七五七）

安らぎは虚妄のものではない。聖者たちはそれを真実であると知る。かれらはじつに真実を了解するがゆえに、満たされないということがなく、完全に安らいでいる。

（七五八）

自分自身をふりかえってみましょう。わたしたちは自分のこころとからだを、自分そのものであり、自分自身という意識をもたらす根源であり、あらゆる行為の最終的なよりどころである、と考えてはいないでしょうか。それらは「わたし」ないし「わたしのもの」であり、自分の思うように自由になるものである、と考えてはいないでしょうか。こころとからだは、わたしたちの思いをそのままに受けて、わたしたちの思いどおりに動いてくれている、と思ってはいないでしょうか。したがって、わたしたち自身がこころとからだを動かしている、と思ってはいないでしょうか。

はたして、どうでしょうか。確かめてみましょう。仮想の実験をしますので、読者のみなさんも試してみてください。

〔実験その一〕まず、外に出て、通りを歩いている見ず知らずの人に、何か用事をいいつけてみてください。たとえば、「喉が渇いたから、自動販売機でジュースを買ってきてくれ」と。買ってきてくれるでしょうか。おそらく買ってきてはくれません。いくらていねいに「どうか買ってきてください」と頼んでも、やはり買ってきてはくれません。なぜでしょうか。理由は簡単です。他人は「わたし」ないし「わたしのもの」ではないからです。自分の思いどおりに自由にはならないのです。「わたし」や「わたしのもの」であれば、自分の用事ですからすぐに買いにいくことでしょう。

「わたし」と他人とでは何が違うのでしょうか。自分の思うように自由になるのが「わたし」で、自由にならないのが他人ではないでしょうか。このことをしっかりと確認しておいてください。

〔実験その二〕それではつぎに、自分のからだの一部である心臓に対して、「心臓よ、止まれ」と命令してみてください。はたして、心臓は止まるでしょうか。心臓は「わかった。止めよう」といってくれるでしょうか。心臓が「わたし」ないし「わたしのもの」であれば、自分の自由になりますから、止まるはずです。しかし、わたしたちはみな心臓を止められないのではないでしょうか。

そうであるならば、「わたし」「わたしのもの」だと思っていた心臓は、「わたし」「わたしのもの」ではないことになります。それでは、心臓はだれなのでしょうか。あるいは、だれのものなのでしょうか。他人とはいわないまでも、「わたし」「わたしのもの」でないことは明白です。なぜなら、自分では心臓を思うがままに自由にできないからです。もし心臓が「わたし」「わたしのもの」であって、思うがままに自由に動かせるとしたら、わたしたちは死ぬことはありません。永遠に生きていけるでしょう。

同じように、怪我をしても、「怪我よ、治れ」とか、「血よ、止まれ」といって、怪我が治ったり、血が止まるのであれば、わたしたちは安心して怪我することができます。その他にも、「花粉症よ、治れ」とか、「ガンよ、治れ」とか、「肌よ、白くなれ」とか、「顔よ、きれいになれ」といって、自分の思うように自由になれば、わたしたちのからだについての悩みは解消されるでしょう。わたしたちはからだの病気にかかることはありません。いつも健やかでいられるでしょう。また、老いることもなく、つねに若々しくいられるでしょう。

わたしたちは自分の足を動かして自動販売機のあるところまで行き、ジュースを買うことができます。腕を動かしてそれを口まで持っていき、飲むこともできます。その他にも、眼球を左右に動かすこともできます。しかし、循環器系をはじめとして、免疫系、消化器系、神経系など、わたしたちのからだを司《つかさど》っている重要で肝心な器官は、まったくといってよいほど、自分の思うように自由にならないのではないでしょうか。

〔実験その三〕さらに、自分のこころの一部である思考に対して、「思考よ、考えるのを止めよ」と命令してみてください。はたして、考えるのは止められるでしょうか。思考は「わかった。考えるのを止めよう」といってくれるでしょうか。思考が「わたし」ないし「わたしのもの」であれば、自分の自由になりますから、考えるのは止められるはずです。

しかし、わたしたちはみな考えるのを止められないのではないでしょうか。

そうであるならば、「わたし」「わたしのもの」だと思っていた思考は、「わたし」「わたしのもの」ではないことになります。それでは、思考はだれなのでしょうか。あるいは、だれのものなのでしょうか。これも他人とはいわないまでも、「わたし」「わたしのもの」でないことは明白です。なぜなら、自分では思考を思うがままに自由にできないからです。もし思考が「わたし」「わたしのもの」であって、思うがままに考えたり考えなかったり、自由にコントロールできるとしたら、わたしたちは思いわずらうことはありません。いつもはつらつとしているでしょう。

同じように、怒りや恨みがおこっても、「怒りよ、なくなれ」とか、「恨みよ、消えよ」といって、怒りがなくなったり、恨みが消えるのであれば、わたしたちは安心して怒ったり恨むことができます。その他にも、「落ちこみよ、去れ」とか、「ねたみよ、なくなれ」とか、「憎しみよ、なくなれ」とか、「うつよ、治れ」といって、自分の思うように自由になれば、わたしたちのこころについての悩みは解消されるでしょう。わたしたちはこころの病気にかかることはありません。いつもさわやかでいられるでしょう。

わたしたちは自分の意志を使って、たとえば、うまく書けないので嫌だなという感情を抑えこみ、この原稿を書こうと決意することができます。実際に思考で考えてマス目を埋めていきます。しかし、思考についていえば、自分で考えているようにみえますが、ことばの選択やアイデアの着想ないし発想、さらには全体の構想などは、自分の自由になっているわけではありません。自分以外のどこかから現われてくるものを捕らえるような感じです。その他にも、感情に振りまわされたり、事実を誤って認識するのは日常的に経験することです。意志の弱さはだれもが感じているでしょう。このように、わたしたちのこころを司っている重要で肝心な機能は、まったくといってよいほど、自分の思うように自由にならないのではないでしょうか。

二　自己と世界

わたしたちは自分自身を「わたし」ないし「わたしのもの」と思いこんで、自分の思いどおりにしようとします。また思いどおりになると考えています。しかし、自分自身について慎重によくふり返ってみると、自分自身を構成しているこころとからだの重要な部分のほとんどは、自分の思いどおりにはならないということがわかります。ことばを換えれば、自分の生命は「わたし」「わたしのもの」ではない、ということがいえると思います。自分自身だけではありません。わたしたちは他者を含めて、世界が自分の思いどおりになることを望みます。自分の思いどおりになれば、それを「幸せ」と呼び、自分の思いどおりにならなければ、それを「不幸せ」と呼びます。人生を左右しかねない重要な基準です。上記のような基準を人生の根本にすえて生きていくと、わたしたちの人生の大半は不幸せなことばかりです。なぜなら、自分自身さえも自分の思いどおりにならないのに、他者を含む世界が自分の思いどおりになるわけはないからです。そして最後は……。あらためていうまでもないでしょう。

わたしが不幸せなのは社会が悪いからだ、わたしはけっして悪くない、わたしはただ幸せになりたいだけだ、それのどこがいけないのか、という不幸せな人がよくいます。どこもいけなくありません。ただ幸せになるための基本的な心構えが間違っているのではないでしょうか。幸せになりたいのに、不幸せをもたらすような心構えになっています。社会が変わってくれないと幸せになれないというのであれば、永遠に幸せにはなれません。なぜなら、社会が自分の都合のいいように変わるなどということはありえないからです。

幸せになりたいのであれば、幸せをもたらすようなこころのあり方に、自分が変わらなければなりません。まず、自分自身や他者を含む世界が自分の思いどおりになるなどという妄想から自由になるべきでしょう。それは、自分自身や他者を含む世界は「わたし」「わたしのもの」ではない、ということに自覚的になるということでもあります。

およそ心身（こころとからだ）について、〔「わたし」〕「わたしのもの」〔というこだわり〕のない者は、〔「わたし」「わたしのもの」が〕ないからといって、悲しむことがない。かれはじつに世の中で〔何も〕失うものがない。（九五〇）

「これはわたしのものである」あるいは「これは他人のものである」〔という思い〕が何もない者は、〔「わたし」〕「わたしのもの」という執らわれがないので、〔「わたし」〕「わたしのもの」がないといって悲しむことがない。（九五一）

妬まず、貪らず、揺るがず、あらゆるものが〔自分と〕同じである。動揺しない者について問われれば、わたしはその功徳を説く。（九五二）

揺るがず、よく知る者は、およそ〔バラバラに孤立した自己を〕形成することはない。かれはあくせくした営みから離れて、いたるところに安穏《あんのん》を見る。（九五三）

「いたるところに安穏を見る」といっています。「悲しむことがない」「〔何も〕失うことがない」ともいっています。わたしたちが幸せと呼んでいるものの内実の一部ではないでしょうか。ここでは、幸せとは「わたし」「わたしのもの」をいっぱいため込むことによって実現されるものではなく、むしろ「わたし」「わたしのもの」というこだわりから自由になってはじめて実現されるものである、と考えられています。

「わたし」「わたしのもの」というこだわりについて身近な例でみると、たとえば、超一流のスポーツ選手は、自覚しているかいないかは別として、自分の能力を「わたし」「わたしのもの」とは思っていないのではないでしょうか。自分のすばらしい能力は、どこか自分とは別のところからわき出てくるように感じているのではないかと思われます。直接に聴いたことはありませんが、インタヴューの答えなどから、そのように推測されることがよくあります。

もちろん、かれらも相応の努力はしています。おそらく、わたしたち以上の努力です。努力できるのも能力の一部ですから。ただし、そのときに、「わたし」が努力していると は露ほども思っていないでしょう。かれらは能力を発揮してすばらしい成果を得たときでも、けっして奢《おご》ることはありません。得られた成果を「わたし」「わたしのもの」とは思っていないからです。

かれらはみずから能力がなくなったと感じたときには、悩むことは少なく、決断は早いように思われます。引退する場面でも、わたしたちの予想をよい意味で裏切ってくれて、驚かされることが少なからずあります。どちらかというと、潔《いさぎよ》い引退というのが強く印象に残ります。それはやはり、「わたし」「わたしのもの」というこだわりがないがゆえにできることなのではないでしょうか。

まったく能力をもっていない人は、能力について、そもそも「わたし」「わたしのもの」という思いがないでしょうから、問題はおこらないでしょう。そういう意味では、超一流の選手とまったくの素人はよく似ています。ただし、その内実はぜんぜん異なります。ビギナーズ・ラック（初心者の幸運）と呼ばれる現象は、このあたりの事情によってひきおこされるのかもしれません。

問題は、中途半端に能力をもっているわたしたちです。わたしたちはさまざまな領域で中途半端な能力をもっています。そして、その能力を「わたし」「わたしのもの」と思っています。「わたし」が努力したので、得られた成果は当然のごとく「わたしのもの」と考えます。うまくいっているうちは何の疑問も感じませんが、うまくいかなくなったときに問題がおこります。「わたしのもの」であったはずの能力がなくなった、「わたし」は能力がない、などと悩んでしまうのです。

また、中途半端に能力をもっていますから、自分よりすぐれた能力をもっている人をうらやんだり、ねたんだりします。逆に、自分より劣った能力の人をさげすんだり、見下したりします。そのことで、やはり悩んだり苦しんだりします。それはいずれも、中途半端に能力をもっている「わたし」にこだわっているからでしょう。

わたしたちは本当に欲張りです。自分にとって都合のよいことだけを「わたし」「わたしのもの」と思っているばかりか、自分にとって都合の悪いことでさえ「わたし」「わたしのもの」と思っています。いまの悩みがいい例です。前回の実験のように、「悩むな」と命令しても、悩みはなくならないでしょう。自分の思うように自由にならないということは、悩みは「わたし」「わたし」「わたしのもの」ではないはずです。

悩みが「わたし」「わたしのもの」でないのなら、大事にとっておくことはないでしょう。すぐに手放せばよいのです。そうすれば、すぐに悩みは解消されます。しかし、わたしたちは悩みを「わたし」「わたしのもの」と思っているので、なかなか手放せません。そうして悩みを抱えこんでしまうのです。「わたし」「わたしのもの」ではないのだ、とよくよく了解すれば、悩みから解放されるはずです。

悩むことは自己の成長にとって大切である、という方もいるかもしれません。筆者も、子どもから大人になる過程で悩みながら成長していくという、一般的なこころの成長論に関して異を唱えているわけではありません。その場合でも、悩みを自己成長の糧と捉える場合と、悩みを「わたし」「わたしのもの」として過剰にこだわる場合とでは、明確に区別する必要があるのではないでしょうか。「わたし」「わたしのもの」でないものを「わたし」「わたしのもの」と思い違えて過剰にこだわるところに、悩みを深刻にする主な原因があるのではないか、ということが、ゴータマ・ブッダの重要かつ主要なメッセージであると思います。

三　悩みと苦しみ

悩みについて、もう少し考えてみましょう。人間は悩みをもつものであり、悩みがあってこそ人生だ、悩みがなくなると人生は楽しくない、という人は少なからずいます。そういう人は、悩みがなくなれば人間でなくなるかのように考えています。悩みが人生を生きぬく原動力になっているのです。それは間違いである、というつもりはありません。本心から楽しいのであれば、悩み多き人生で結構だと思います。

けっして皮肉ではありません。というのも、わたしたちが日常的に使う「悩み」ということばのもつ意味内容の範囲が広いということに注意しないといけないと思うからです。わたしたちは、今晩の食事を何にするか、ということでも悩みます。レストランで何を注文するか、ということでも悩んでしまいます。進学の悩み、就職の悩み、恋愛の悩み、育児の悩み、病気の悩み、介護の悩みなどなど、悩みは人生のいたるところにあります。悩みのない人などいません。

夕食の悩みをはじめとして、人生のなかでおこってくる数々の悩みをのり超えていくのが、人間が生きるということです。悩みを成長の糧として人生を歩みつづけながら、さまざまな経験を積んでいきます。のり超えられた経験が多ければ多いほど人間的に深くなり、人生は豊かになると考えられています。そういう意味では、悩む力をしっかりと身につけた人ほど充実した人生を送っているように感じられるでしょう。このような「悩み」は、いわば楽しみの一部としての悩みです。なくなっては困るでしょう。あってほしいと思うのは当然です。

「苦しみ」ということばも、たとえば、苦しい練習をして甲子園に出場する、苦しみをのり超えてオリンピックで活躍する、というように用いられます。それは、のり超えられる苦しみ、耐えられる苦しさです。苦しみのない人もいません。人生において苦しみがはたす役割、およびのり超えることの意義については、悩みと同様のことがいえると思います。これらの苦しみも、やはり楽しみの一部としてあるものです。

一方で、人生には楽しみの一部とはいえないような悩みもあります。どうしてものり超えられそうもない悩みがあります。それは、わたしは何か、わたしは何のために生きているのか、わたしの存在の根拠は何か、わたしの人生は意味があるのか、など、生きていくことの根幹に関わる悩みや老死についての悩みです。

たとえば、サッカーの選手がいます。サッカーが好きだから、どんな苦労もいといません。うまくなるためにはあらゆる努力をします。つらい練習にも根性で耐えていきます。サッカーをすることが楽しくてしかたがありません。結果も出しています。しかし、そのような選手にも、そもそも何のためにサッカーをするのか、という疑問が生じることがあります。それは、そもそもなぜ生きるのか、という問いに通じる重要かつ深刻な疑問です。苦難をのり超えても、結果を出しても、こころは満たされません。目的を達成しても虚しさを感じる人は、この根本問題に触れているのだと思います。

悩みぬいて、この実存的な問題を深めることはできます。しかし、多くの場合、解決することはできません。深く考えるのですが、わたしたちが採用している、もともと解決できないコスモロジーの範囲のなかでぐるぐる空回りしているだけです。考えることが唯一の方法という点は、ほぼ致命的な弱点です。「のり超えられそうもない悩み」といったのは、もともとのり超えられないコスモロジーを頼りとして、のり超えようとしているところに無理があると考えるからです。解決したいのであれば、解決できるコスモロジー、のり超えられるコスモロジーを採用しなければならないと思うのです。

のり超えられそうもないことがわかると、解決することをあきらめて、他に逃げ道を求めてしまいます。深めることに、解決することと同じくらいの価値が与えられるのです。深めることそれ自体が目的となり、楽しみとなります。しかし、実存的な問題においては、深めることではなく、あくまでも解決することが目指されるべきではないでしょうか。こころの奥底では、解決したいと願っているはずです。病気の現状や原因についてどんなに深く分析できても、それだけでは治らない場合があるようなものです。病気についてまったく何も知らなくてもいいから、治ってくれたほうがよいに決まっています。

ゴータマ・ブッダは、この実存的な問題および老死についての問題を解決したといわれています。解決した者の立場からすると、個別の事情はあるにしても、解決できるのに、また解決できる方法もあるのに、解決しないで放っておくのは、好んで解決しない方を選んでいるとしか思えないのではないでしょうか。苦しく辛いけれども、悩み多き現状を維持することは楽しみなのです。わたしたちにとっても、わけもわからずに悩まされているよりは、好きで悩んでいるんだと考えた方が、よりポジティヴになれます。前向きに悩むことができます。

「ある」といわれるかぎりの、すべての形あるもの、音声、味、香り、触れられるもの、考えられるものは、好ましく、愛らしく、意にかなうものであり、（七五九）

神々を含む世界の人々は、これらを楽しみであると考えている。また、それらがなくなるとき、かれらはそれを苦しみであると考える。（七六〇）

自己の〔心〕身（こころとからだ）が「わたし」「わたしのもの」〔であるという考え〕を断滅することを、聖者たちは楽しみであると見る。〔正しく〕見る〔聖者たちの〕この〔考え〕は、あらゆる世界の人々と反対である。（七六一）

普通の人々が楽しみというものを、聖者たちは苦しみという。普通の人々が苦しみというものを、聖者たちは楽しみという。理解しがたい真理を見なさい。知らない者たちは、ここで迷っている。（七六二）

聖者たち以外に、いったい誰がこの境地を感得することができるであろうか。かれらはこの境地を正しく知り、煩悩《ぼんのう》の汚れのない者となって、まったく安らかになるので

ある。（七六五）

普通の人々は「わたし」「わたしのもの」に執らわれているがゆえに、悩みも「わたしのもの」であり、楽しみのうちの一つなのです。したがって、それらがなくなると「わたし」「わたしのもの」が失われるので、苦しみとなります。悩みはあってほしいのです。「わたし」「わたしのもの」にこだわることそのものが楽しみといえます。悩みがあることは楽しみであり、悩みがなくなると苦しみであると考えるのです。

欲望がなくなると困るけれど、悩みがなくなることはよいことではないか、と一般的には考えられています。それでもよく考えると、都合の悪い悩みはなくなってほしいけれど、成長の糧となるような都合のよい悩みはあってほしいのです。まさしく、「わたし」の都合です。悩みにもレヴェルがありますが、すべて「わたし」「わたし」「わたしのもの」にこだわるところから現われてきています。そのうち、「わたし」「わたしのもの」に根深く過剰に執らわれて、わたしたちにとって深刻な問題として浮上してくるのが実存の悩みであり、そうでもないのがその他の成長の糧となる悩みです。

執らわれのない聖者たちは、「わたし」「わたしのもの」に執らわれることが苦しみなのです。わたしたちが楽しみの根拠とする「わたし」「わたしのもの」がなくなっても、すでにこだわりがありませんから、苦しみとは感じず、かえって楽しみといっています。あえていえば、この楽しみは「安らぎ」といってよいものだと思います。わたしたちがふつうに感じる苦しみや楽しみの根底にある安らぎを意味しているように思えるのです。

ゴータマ・ブッダの教えは、楽しみの一部として悩み苦しむ人々にはあまり歓迎されないでしょう。悩みがなくなっては困るからです。一方で、楽しみの一部とはいえないような悩みや苦しみを感じている人々、とりわけその悩みをなくしたい、苦しみから逃れたいと切実に思っている人々には、大きな支えとなると思います。

四　悩みと苦しみの解決

わたしたちは、ふつうに育っていけば、程度の差はありますが、永遠に変わらず、それだけで存在し、しかもバラバラで孤立したようにみえる「わたし」を形成します。永遠に死なないかのような「わたし」を形成することによって、かえって死への恐れや不安、苦しみや悩みが生じてきます。死を恐れるがゆえに、生きていくことについても不安や悩みを抱いてしまいます。また、バラバラで孤立しているような「わたし」を形成することによって、全体とのつながりが見失われ、みずからの存在の根拠が見出せなくなります。存在の根拠が見出せなくなるがゆえに、生きていくことの意味もわからなくなります。「わたしは死んだらどうなるのか」あるいは「わたしは何のために生きているのか」などの問いは、簡単に答えが得られるものではありません。だから、悩むのです。これらの問いに対する答えを求めて、人類は宗教と呼ばれるものを産みだしました。さまざまな宗教がさまざまな答えを用意しています。

悩みに耐えきれない、あるいは自己と向きあいきれない人は、すでに用意されている答えに頼ってしまいがちです。特定の宗教による答えは、特定の前提を信じることを要求します。前提を疑うことは許されません。したがって、その答えが妥当か妥当でないかを自分自身で判断する基準はないも同然です。信じるとはそういうことです。それでも、歴史的な批判に耐えてきた宗教は、ある程度、社会的には妥当であると判断されているといえます。いずれにしても、問いに対して答えが与えられて、問題が解決します。

特定の前提を信じられない人や、他者が用意した答えでは納得できない人は、さらなる悩みに耐えて、自己と向きあわざるをえません。「わたしは死んだらどうなるのか」あるいは「わたしは何のために生きているのか」などの問いは、何もないところから突然発せられるものではありません。悩んでいるときは目の前の悩みしか目に入りませんが、その源をたどってよく考えてみると、バラバラで孤立した自己のあり方が唯一の自己のあり方としか見えない見方が支配的になっていることに気がつきます。

そのような見方をもたらすばらばらコスモロジーが転換され統合されて、つながりコスモロジーへと中心軸が移ったときに、そもそもの問いが発せられなくなることがあります。あらかじめ用意されている答えを受けいれるわけでも、そのために特定の何かを信じるわけでもありません。問いそのものが意味をなさなくなったことを、みずからが理解するのです。ゴータマ・ブッダはこのことを、「伝え聞きではなく、まのあたりにする〔真理〕」（一〇五三）、「伝え聞きではなく、まのあたりにする〔平安〕」（一〇六六）と表現しています。いずれにしても、問いが消滅するというかたちで、問題が解決します。

わたしたちがある程度成長していけば、実存的な問題および老死の問題で悩むことは必然といえます。「わたし」が形成されない段階では悩むことはありません。無知によって保護されているからです。悩みのない未熟な段階から成長して、「わたし」を形成するようになります。その結果、当然のごとく悩むようになっているのが、わたしたちのいまの段階です。わたしたちはこの段階を人間の成長の頂点と考えていながら、人間だから悩みが解決しないのはしかたがないと思っています。じつは、さらに成長して悩みから解放される段階があるのです。わたしたちがより高次の段階へと成長をはたせば、これらの悩みは悩みでなくなるのです。

さて、わたしたちは、こころと同じように、からだについても「わたし」「わたしのもの」と考えて、過剰に執着しています。たとえば、最盛期の若さや美しさがいつまでも続くように願っています。若さをおごり、美しさを誇りますが、その反面で、年老いて容色が衰えることを恐れます。『スッタニパータ』第一章第十一経では、からだの真実のあり様をありのままに見ることが、つぎのように説かれています。

あるいは歩き、あるいは立ち、あるいは坐り、あるいは横たわり、〔身体を〕曲げたり、伸ばしたりする。これは身体の動きである。(一九三)

身体は骨と筋でつながれ、皮と肉で塗りこめられ、皮膚で覆われていて、ありのままに見られない。(一九四)

〔身体は〕腸に満ち、胃に満ち、肝臓、膀胱、心臓、肺臓、腎臓、脾臓〔に満ち〕、(一九五)

鼻汁、唾液、汗、脂肪、血、関節液、胆汁、膏《あぶら》に〔満ちている〕。（一九六）

また、その九つの孔《あな》からは、つねに不浄な物が流れ出る。目からは目やにが、耳からは耳垢が、（一九七）

鼻からは鼻汁が〔出〕、口からはあるときは胆汁を吐き、また痰を吐く。〔全〕身からは汗と垢が〔出る〕。（一九八）

また、その頭は空洞であり、脳髄に満ちている。愚者は無知に誘われて、それ（身体）を清らかなものと思いこむ。（一九九）

また、その〔身〕が死んで横たわり、膨れて青黒くなり、墓場に棄てられると、親族たちも〔これを〕顧みない。（二〇〇）

犬や山犬や狼や蛆虫がこれを食らい、烏や鷲やその他の生き物がいてまた食らう。（二〇一）

ブッダのことばを聞いて、智慧をそなえた出家修行者は、この〔教え〕において、たしかにそれを了解する。なぜならば、かれはありのままに見るからである。（二〇二）

この〔死体〕は、この〔生きた身体の〕よう〔であった〕。この〔生きた身体〕も、この〔死体の〕よう〔になるであろう〕と、内的にも外的にも身体に対する欲を離れるべきである。（二〇三）

智慧をそなえた出家修行者は、欲を離れ、この〔教え〕において、不死、平安、不滅の安らぎの境地に達した。（二〇四）

この二足の者（人間）は不浄で、悪臭があり〔ながらも〕、〔もれないように〕保護されている。〔それでも〕充満した種々の汚物は、そこかしこから流れ出ている。（二〇五）

このような身体をもって、〔自分を〕尊大に思いなし、あるいは他者を軽蔑するなら

ば、見識がないという以外の何であろうか。(二〇六)

スリランカでの体験です。スリランカには、町に住むお坊さんと森に住むお坊さんがいます。町に住むお坊さんは、わが国のお坊さんに近いイメージです。森に住むお坊さんは、ゴータマ・ブッダの時代にもこのようであったかと思わせるような生活をしています。お坊さんというより、修行僧と呼んだ方が適切なように思われます。

修行僧たちが住む森をたずねてみました。森の中には、クティと呼ばれる、修行僧のための住居が点々としています。案内された事務所のような建物の近くに、共用で使う洞窟がありました。その中を覗いてみると、何かがぶらさがっています。よく見ると、人骨です。小学校の理科室にあるものとは違い、本物でした。なんでも、ある信者の方が、修行のために使ってほしいと遺言したのだそうです。そこまでするか、と思いましたが、じつは他の森に行ったときにも同様のものを見ました。こちらは夫婦でした。

修行僧はその前にすわって、「不浄観《ふじょうかん》」を行なうといいます。「リアリティ・オヴ・ライフ」(修行僧のことば)をまのあたりに瞑想して、ふたたび自分のクティにもどって修行するのです。からだについて、「わたし」「わたしのもの」でないものを「わたし」「わたしのもの」と考えない、執らわれない、ということを徹底して修行しているのでした。

五　『スッタニパータ』の空

モーガラージャンよ、つねによく気をつけ、〈変わらない〉「わたし」を根拠とする見解をしりぞけて、世界を空《くう》として観なさい。そうすれば、死をのり超えることができるであろう。このように世界を観る人を、死王《しおう》は見ないのである。（一一一九）

「空」ということばが用いられています。ゴータマ・ブッダの時代の仏教では、「空」ということばはあまり使われません。『スッタニパータ』ではここ一ケ所で用いられているだけで、きわめて珍しい用例です。原始仏教経典のうちで成立が古いとされている経典にはほとんど使われていませんし、原始仏教経典全体をみてもあまり現われてきません。わたしたちの仏教に対するイメージとはかなり異なります。

わが国の仏教で「空」といえば、『般若心経《はんにゃしんぎょう》』の一節である「色即是空《しきそくぜくう》、空即是色《くうそくぜしき》」が非常に有名であり、「空」は仏教の教義のなかで最も重要で、かつ仏教の本質をいいあてたことばのように思われています。ところが、原始仏教経典を見ればわかるように、「空」は、わたしたちが考えるほど、ゴータマ・ブッダの時代からずっと仏教の中心的な教義であったわけではない、ということがいえます。「空」の意味がわからなくても、ゴータマ・ブッダの時代の出家修行者や在家者はちっとも困らなかったのです。そう考えると、理由はわかりませんが、なんとなく気が楽になります。

意味としても、大乗仏教《だいじょう》の「無我《むが》」と同義に解釈されるような、「それだけで永遠に存在する実体はない」という意味では用いられません。ここでは、「はかない」「むなしい」という意味であり、観る対象としての世界そのものが「はかない」「むなしい」ということを示すために用いられています。わたしたちがこれこそは絶対に変わらないと信じている世界はじつははかない世界であり、むなしい世界であることを、まずしっかり見つめることが説かれています。

変わらない「わたし」を根拠とする見解をしりぞける、といっていることと合わせると、「自己を含めて、世界のなかで変わらないものはない」ということをよく理解すべきである、と説いていると解釈できます。とくにわたしたちは自分自身について、「わたし」は変わらない、死なない、とこころの奥底で盲信しているところがあります。世界ははかなく滅びるかもしれないが、「わたし」だけは絶対に永遠だ、と考えているようなのです(表層の意識では、そうではないことはわかっていますが)。その錯覚ないし執らわれに死神がつけいり、わたしたちの死への恐怖が生まれてきます。あるとき突然、現実をつきつけられて、わたしたちは心底ふるえあがってしまうのです。

わたしたちは無意識のうちに、ないしは習慣的に、この現実の世界および自己のイメージを作りあげ、それは絶対に変わらずに存在し続けると思っています。しかし、実際はそうではありません。かならずはかなく、またむなしく滅んでいきます。ふつうは、そのような現実は見たくありません。できれば避けて通りたいと思っています。そこのところを「空と観なさい」といって、あらためて内面に深く徹底して自覚させようというのです。あらゆるものがはかなく、またむなしく、〔通常のものの見方のレヴェルにおいては〕この世で絶対に変わらないものは何もないということを、よくよく知らしめるのです。それでも、無意識のうちに習慣化した意識を変えるのは容易ではありませんが。

わたしたち自身を含む世界を「空」と観ることで、日常的な意識においてよりどころとしている存在の根拠や基盤を、文字どおり「空無化」します。これまで強固に作られてきた自己や世界のイメージを一時的に否定することにより、そこから逃れて、本当に絶対に変わらない世界、すなわち死王に見られない世界に行きたいと願うようになります。そこから修行がはじまるといってもよいでしょう。自己の全存在をかけて不死の境地を目ざし、頭に火がついたように修行に向かう必然性が形成されるのです。

このような「空」については、これまでほとんど見聞きしたことはないのではないでしょうか。ここでは、「空」によって世界や自己の本質や構造が語られているのではありません。世界や自己を「空」と観ることによって、わたしたち自身の意識に変容を促し、ものの見方の中心軸が、ばらばらコスモロジーからつながりコスモロジーへと移っていくきっかけを作ろうとしているのです。そういう意味では、きわめて実践的な教えであったといえます。

「空」はパーリ語ではスンニャ、サンスクリット語ではシューンヤといいます。「空」には「はかなさ」「むなしさ」というイメージにつながる原初的な意味があり、幻《まぼろし》、陽炎《かげろう》、水泡《すいほう》、泡沫《ほうまつ》、芭蕉《ばしょう》などによって譬《たと》えられることもあります。「空」にはその他に、「からっぽ」「欠けている」という意味もあります（数字のゼロも意味します）。こちらの方はよく知られていると思います。『般若心経』でおなじみの「色即是空、空即是色」の「空」は、このような意味で用いられています。何も入っていないからっぽのコップをイメージするとわかりやすいと思います。

この意味の「空」は、一般的には、たとえば「この部屋は象について空である」というように用いられます。「この部屋は象について空である」。どうもおかしな日本語ですが、これをふつうの日本語にすれば、「この部屋には象はいない、象は存在しない、非存在である」となります。とくに仏教的な文脈では、「自己および世界の構成要素は実体性について空である」として用いられます。すなわち、「自己および世界の構成要素には実体性はない」ということが主張されるのです。

実体性がない、というとむずかしく感じられますが、永遠に変わることなくそれだけで存在するものはない、という意味です。わたしたちは成長するにしたがって、実体的な「わたし」や「わたしのもの」を作りあげ、それは永遠に変わることなくそれだけで存在しているかのように思いこむようになります。そのようなものの見方は社会生活を健全に営むためにはある程度必要ですが、それが気がつかないうちに過剰になり、固着化して、わたしたちの悩みや苦しみの原因になる、というのが仏教の基本的な考えです。

ゴータマ・ブッダは、そのような「わたし」「わたしのもの」に対する固定化した執着を離れさせようとして、「わたし」「わたしのもの」と呼ばれ得るもの、たとえば身体、感情、思考、意志、認識を列挙し、それらが実体としての「わたし」と呼ぶにあたらないことを示しました。我《が》（実体としての「わたし」）ではない、すなわち非我《ひが》という教えです。

これまで学んできたような、「わたし」「わたしのもの」でないものを「わたし」「わたしのもの」とみなさない、という教えと合致することが理解できると思います。実践的な意味合いが強く感じられる教えとして提示されています。『スッタニパータ』の「空」もやはり実践的な傾向をもっていたことは、すでに指摘したとおりです。ゴータマ・ブッダの教えは、つねに実践と結びつけられて説かれているのです。

　非我の教えは、仏教が原始仏教から部派《ぶは》仏教を経て大乗仏教へと進展する過程で変化をこうむり、自己とは身体、感情、思考、意志、認識といった諸要素が集まって構成されている仮のもので、実体的には存在しない、すなわち我（実体としての「わたし」）はない、という無我が説かれるようになります。しかし、無我（「わたし」はない）ということばは、ネガティヴで誤解を招きやすいという欠点をもっていました。そこで、無我の本質を損なうことなく欠点を克服するための工夫がなされ、よりポジティヴで誤解を招きにくいことばとして、新たに「空」が採用されたのでした。わたしたちになじみの「空」は、そのあたりから徐々に仏教の中心的な教義となっていったのです。

第四章　行　為

一　縁起と因縁

賢者たちはこのように行為（業《ごう》）をあるがままに見る。かれらは縁起《えんぎ》を見る者であり、行為とその結果を知る者である。（六五三）

世界は行為（業）によって成り行き、人々は行為によって成り行く。進み行く車の轄《くさび》のように、生きとし生けるものは〔みな〕行為に結びつけられている。（六五四）

「縁起」ということばが用いられています。縁起は「空《くう》」と同じように、『スッタニパータ』では一ケ所で用いられているだけです。また、原始仏教経典のうちで成立が古いとされている経典にはほとんど使われていません。しかし、縁起は「空」とは違って、原始仏教の時代から、仏教の教義のなかで最も重要なことばの一つとして伝えられてきました。なぜなら、原始仏教経典のなかに、熱心に瞑想するゴータマ・ブッダが縁起を感得して目覚めた人（ブッダ）になった、と解釈できる箇所があるからです。ゴータマ・ブッダの生涯のみならず、仏教の成り立ちを考えても、クライマックスともいうべき場面で、縁起ということばが使われているのです。

原語「パティッチャサムッパーダ」を直訳すると、「縁《よ》って起こること」となります。縁起には二つの解釈があります。どちらの解釈の縁起を感得して、ゴータマ・ブッダは目覚めた人（ブッダ）になったのでしょうか。

第一の解釈は、何かに「縁って」何かが「起こる」から縁起である、というものです。たとえば、「欲望に縁って苦しみが起こる」などといわれます。二者のあいだのゆるやかな原因→結果の関係を指しているようです。

ゆるやかな、といったのは、「二個の水素原子と一個の酸素原子によって一個の水分子ができる」といった厳密な意味での因果関係ではないという意味です。欲望に縁って喜びも起こるし、楽しみも起こるからです。また、苦しみが起こるのは欲望からだけでなく、執着からとも無知からともいわれます。

この原因→結果の関係についていえば、もともとは、結果としての苦しみが起こる原因をさまざまに探っていって、根源ともいうべき原因を特定しようという目的から始まっています。そういう意味では、原因→結果の関係ではなく、結果→原因の探求が主眼であったと思われます。世界が苦しみに満ちているように見せている根源的な原因を因果論的に探ろうとしたわけです。したがって、苦しみは「何に」縁って起こるのか、ということが考察の中心の問題であり、「縁って」起こることそのものは付随的な問題であったといえます。苦しみを起こさせる要因はさまざまあるけれども、その最も根源と考えられるものは「何か」ということが主に問われていたのです。

根源がある程度特定されれば、結果→原因の方向が反転して、今度は原因→結果の方向に目が向いていきます。新たに原因→結果の関係が注目されるようになり、欲望に「縁って」苦しみが起こる、あるいは無知に「縁って」苦しみが起こる、などという言い方が特別な意味をもつようになります。そうして、原因→結果の関係そのものが「縁起」と呼ばれて、重要視されるようになるのです。しかし、この場合の考察においてはあくまでも、「縁って」起こることよりも、「何が」根源的な原因か、という方に重点がおかれていた、と考えるべきだと思います。

縁起の第二の解釈は、あらゆるものが一つにつながりあい「縁って起こっている」から縁起である、というものです。筆者はこの意味での縁起を、つながりコスモロジーの根本と捉えています。

目覚めるまえのゴータマ・ブッダには、自分を含めて、あらゆるものがバラバラに存在しているかのように見えていました。そのせいで、みずから苦しみを抱えざるを得なかったのですが、瞑想を深めていって、ある臨界点に達したときに、自分を含めて、あらゆるものが一つにつながりあって存在しているかのように見えるようになったのです。その結果、抱えていた苦しみがおのずと消滅していたことに気がつきます。みずからの存在の根拠が見出せたと同時に、みずからの存在の意味をも知ることができて、あふれるばかりの充足感に満たされ、安らぎがおとずれたのです。

わたしたちに身近なレヴェルで考えると、「風が吹けば桶屋《おけや》がもうかる」（風が吹くことによって桶屋がもうかるということがある）ということわざがあります（落差が大きくて申し訳ありません）。途中に入るべき項目は正確にたどれませんが、ばくぜんとしたつながりの感覚が表現されているよい例だと思います。けっして桶屋がもうかることの根源的な原因を因果論的に探ろうとしているわけではありません。この場合は、「何を」原因としているのかではなく、つながりあい「縁って」起こっている、という方に焦点があたっていることが理解されると思います。

また、文字どおりの「縁起がよい、縁起が悪い」といった言い回しのなかに、すべてのものが一つにつながりあっているという感覚を受けいれる心性が現われていることはいうまでもありません。昔から言い伝えられているように、たとえば、茶柱が立っていることと何かよいことが起こるということとは、客観的には何の関係もないけれど、そこに何らかのつながりを見ようとしているのです。わたしたち日本人の精神性の根底に受けつがれ、流れているものだと思います。

以上のように、原語「パティッチャサムッパーダ」には二つの解釈があります。その二つの解釈に対応して、二つの訳語があります。「因縁《いんねん》」と「縁起」です。従来は、縁起という訳語で両方の解釈を指すことが多く、それが縁起の理解をむずかしくしてきたように思います。

第一の解釈としての因果論的な探求には、従来のような縁起という訳語ではなく、「因縁」という訳語を与えたほうが誤解が少ないと思います。縁って起こるというよりも、何を原因としているのかというニュアンスの強い因縁の方が、この場合には適切だと思われるからです。これは論理のなかで思考するものです。考えようと思えばいくらでも果てしなく考えることのできるものです。

第二の解釈としての新しいコスモロジーのあり方には、従来どおりの「縁起」という訳語がふさわしいと思います。何を原因としているのかというよりも、縁って起こるというニュアンスの強い縁起の方が、この場合には適切だと思われるからです。これは瞑想のなかで感得されるものです。いくら考えても得られるものではありません。

ゴータマ・ブッダも目覚めるまでは苦しみを抱えていました。その苦しみから脱却したいと思い、さまざまな手だてを試みました。そうして最終的に瞑想のなかで目覚めが得られます。縁起を感得することにより、存在の基盤をなすコスモロジーに変化がもたらされた結果、苦しみから逃れられたことに気がついたのです。「縁起」には、苦しみが消滅したときのゴータマ・ブッダの内面の風景、世界および自己の見え方、新しい認識のあり方、新しいコスモロジーのあり方が表現され、託されていると思います。

ゴータマ・ブッダはみずからの体験に洞察を加え、存在の基盤をなすコスモロジーを変えれば苦しみから逃れることができる、と思いいたりました。ばらばらコスモロジーからつながりコスモロジーへの転換ないし統合が必要であると考え、それを他者に説こうとしたのです。他者に説こうとする段階では、どうしても因果論的な説明にならざるをえません。「因縁」には、どのようにして苦しみが生じてくるのか、また、どのようにすれば苦しみを消滅させられるのか、というメカニズムの枠組み、ないし苦しみの根源的原因をたどりつづけた探求の足跡が表現され、託されていると思います。
わたしたちは縁起について、なんとなくわかると思えるでしょう。日本人の精神性の根底に伝承されてきているからです。ばらばらコスモロジーによって生じる虚しさや孤立感を克服できるコスモロジーは、仏教の本質とともに、わたしたちの足下にひそんでいるのです。

二　行為とその結果のつながり

前節では、縁起についての二つの解釈を紹介し、縁起と訳すのがふさわしい解釈は、あらゆるものが一つにつながりあっている、という解釈であることを確認しました。本節では、行為とその結果について、つながり（縁起）という観点からみていきます。この観点から『スッタニパータ』の第六五三詩に若干の補いをつけると、以下のようになります。

賢者たちはこのように行為（業）をあるがままに見る。かれらは縁起を見る者であり、行為とその結果〔のつながり〕を知る者である。（六五三）

わたしたちは、ある行為をすれば、それに応じた結果がある、ということを経験的に知っています。しかし、行為とその結果のつながりの関係については、あまり深く考えたことはないのではないでしょうか。結果のことしか頭にないように思われる人は少なからずいます。結果がすべてと考える人は、行為とその結果のつながりをほとんど理解しないのでしょう。

ある行為をして期待どおりの結果が得られると、ふつうには、その行為が原因となって結果が生じたのである、というように考えます。期待どおりの結果を生じさせるにふさわしい行為だったということです。行為をして、期待した結果に結びついたのです。期待どおりの結果には意味があり、その結果をもたらした行為にも意味があった、と考えます。期待どおりの結果ですから、当然満足します。まさしくこのために行為があったのだ、と行為とその結果のつながりを強く感じます。

また、ある行為をして期待どおりの結果が得られないと、ふつうには、その行為が原因となって結果が生じなかった、というように考えます。期待どおりの結果を生じさせるにふさわしい行為ではなかったということです。行為はしたのだけれども、期待した結果に結びつかなかったのです。期待にはずれた結果には意味はなく、結果をもたらさなかったその行為にも意味がなかった、と考えます。期待どおりの結果ではありませんから、満足は得られません。いったい何のための行為だったのか、と行為とその結果のつながりを感じられず、極端な場合には、行為そのもの、結果そのものもなかったかのように処理してしまうこともあります。

〔期待どおりの〕結果だけが意味がある、という立場では、思いどおりの結果が得られたときには、行為も結果も意味があり、行為とその結果のつながりを感じられます。しかし、思いどおりの結果が得られなかったときには、行為も結果も意味はなく、行為とその結果のつながりを感じられません。行為とその結果がそれぞれ別物で、バラバラの出来事のように思えてしまいます。

問題は、わたしたちの人生は思いどおりにいかないことの方がはるかに多いということです。ほとんどすべての人が、努力したのに失敗した、という経験を少なからずもっていると思います。そのときに、失敗したという結果しか見なければ、また期待どおりの結果しか意味がないと思えば、結果を出せなかった努力にも意味を見出せなくなります。

またたとえば、練習という行為があり、その意味のある結果が甲子園での優勝である、と考えると、ほとんどの高校球児たちにとって、練習が意味のないものになってしまう恐れがあります。優勝できるのは一校のみで、あとはすべて敗者だからです。意味のある結果が出せなかった敗者にとって、練習という行為までもが意味がなかったことになりかねません。

それは、みずからの過去が否定されるということです。自分自身の過去が否定されるような体験を数多くくり返すと、現在についても肯定的にみるのがむずかしくなります。過去において、意味のある結果をもたらさない行為をしてきた、それゆえ、現在は意味のある過去の行為の結果としてもたらされたものではない、というわけです。また、過去から現在にわたって、意味のある結果を出せないできたのだから、未来にも同じように意味のある結果を出すことはできないであろう、と考えれば、現在行なっている行為にも意味を見出せなくなります。いまの自分のあり方に自信をもてず、将来に対しても不安でいっぱいです。過去・現在・未来につながりを感じられず、孤立した現在を独りぼっちで生きているような感覚に捕らわれてしまいます。しだいに、人生そのものについても意味がないように思えてくるでしょう。

さて、実際の高校球児たちにとっては、過去の練習という行為はその後の人生のさまざまな場面で活きているだろうと思います。筆者は、活きているということそれ自体が結果なのではないかと思います。ふつうには優勝が結果で、敗れれば結果ではないように思われます。しかし、優勝した、優勝できなかった、というのは、表面的な結果にすぎません。練習してよかったと思える体験、すなわち、その後の人生において活かされる意味のある体験こそが練習の結果ではないでしょうか。「ああ、このためにあの練習をしたのだ」とか、「ああ、あの失敗はこのためにあったのだ」という体験です。そのうえで、本当の結果が何であるかは、本人が決めることなのではないでしょうか。

肝心なのは、表面的な結果に惑わされずに、現在の何らかの意味のある体験とそれ以前の行為とを、つながりをもって結びつけることです。意味のある体験は、一人ひとりの人生のなかで自分自身が発見するものです。そのときは何のためにしているのかよくわからなかったが、じつはこのためだったのだ、と思えれば、過去が肯定的にみえてきます。過去の行為が現在の意味のある体験につながっているということは、現在行なっている行為もかならず未来の何か意味のある結果につながるということではないでしょうか。このように考えると、現在の行為が肯定的な意味をもち、将来に対しても安心感がわいてきます。人生そのものが意味に満ちあふれてきます。

とくに現在、みずからの人生に意味を見出せない人、つらい境遇にいる人は、何のために生きているのかがわからなくなることもあるかもしれません。そのときに、いま行なっていることが、表面的な結果のいかんを問わず、かならず未来につながるという確信があれば、耐えることもできるのではないでしょうか。生きていてよかったと思える体験をした人は、人生を否定的にみるのがむずかしくなるものです。そのためには、過去・現在・未来とつながる意味のある体験をみずから引きよせ、そのつながりに自分で気づいていかなければなりません。そのようなつながりを感じることに鋭敏である必要もあります。

ある新聞の記事で、アニメ「サザエさん」の主題歌を歌っている方が、つぎのようなことを語っていました。レコーディングは二十一歳のときだったそうです。もともとシャンソン歌手を目指していた彼女は、サザエさんの歌を歌っていることを隠したいと思っていました。「あのサザエさんがシャンソン歌手？」といわれるのが嫌だったのです。しかし、阪神大震災のときに避難所で「サザエさん」を歌いだしたとたん、お年寄りや子どもたちの目が輝き、大合唱になって、鳥肌がたつという体験をします。「明るい笑顔に幸せがついてくる、と歌詞にあるんです。こんなときのためにあったんだと思いました」とつづっていました。

まさしく、最初はなぜわたしがこのような行為をしなければならないのかわからなかったのが、あるとき、ああ、このときのために過去の行為はあったのだということを理解するのです。このような体験はだれにでもあるはずです。問題は、つながりに気づくかどうか、あるいはつなげられるかどうかです。人生における過去・現在・未来のつながりが見出せれば、どのような状況におちいったとしても、きっとこれは未来の何かにつながっているのだという確信とともに、のり超えていけると思います。また、人生が比較的うまくいっている人にとっては、このままの生き方でいいのだ、という指標になると思います。

三　セレンディップの三人の王子

アヌラーダプラが都であったときのスリランカが舞台になっている、「セレンディップの三人の王子」という寓話があります。セレンディップ（スリランカの古名）の王さまの命令により、世界をたずね歩いて見聞を広めるべく旅に出た三人の王子が、つぎつぎと起こってくる困難を、鋭い観察力や洞察力あるいは勇気や慈悲のこころによって切りぬけて、最終的に幸せをつかむという物語です（以下は、アメリカの作家エリザベス・ホッジス（一九〇八〜一九九九）の翻案にもとづいています）。

数々の冒険にまつわる逸話がありますが、そのなかでとくに「行為とその結果のつながり」というテーマに関係があるのが、アスラ（阿修羅《あしゅら》）の森を通りぬけなければならなかったときのお話です。

三人の王子は、旅の途中で知りあったペルシャの皇帝から、不思議な力をもつ「正義の鏡」をインドの女王からとり戻してほしい、との依頼を受けます。もともとは皇帝のものだったのですが、訳あって女王の手にわたり、返してくれないのです。その鏡があると人々が善良になり、国が平和になるので、ぜひともとり戻したいというのです。しかし、その女王が住む国に行くためには、どうしても凶暴なアスラが支配する森を通りぬけなければなりませんでした。

出発に際して、僧院長からクジャクの尾の羽根を一本ずつもらいます。僧院長は、それがどのような役にたつのか、またどのように使えばよいのかを知りません。ただ何かの役にたつかもしれないということで贈るのです。三人の王子は、なぜクジャクの尾の羽根なのか、またそれを何のためにどのように使うのかを教わりません。それでも、贈り物をありがたくいただきます。ここで、そのような訳のわからないものを受けとらないという選択もあると思います。しかし、三人の王子は、将来の出来事を予感するかのように、訳のわからないままに受けとるのです。

さて、アスラは地下に住んでいました。アスラは地面の割れ目や裂け目から人間の目を見て、その人のこころのなかにある目的を読みとることができるのです。そうして、敵だと判断すると、地面をもちあげて、人間を馬ごとひっくり返すのだそうです。もちろん、三人の王子はアスラにとって都合の悪い敵とみなされるような目的をもっていました。

三人の王子は一度試みて失敗します。その地に入るやいなや、目の前の地面が深く裂け、前方の地面はどんどん盛りあがって山ほどの高さになり、そこから大きな石や木が転がり落ちてきました。王子たちは肝をつぶしてひき返します。それでも、ひき受けたからにはかならずなし遂げるのだという使命感および意欲は失われていません。どのようにすれば事態を好転できるのか、みなで相談します。

そのとき、クジャクの尾の羽根が目に止まります。クジャクの尾の羽根には人間の目のような形をした模様があることに気がつくのです。その羽根で目をおおいかくしても、すきまから前方を見ることができます。アスラはクジャクの尾の羽根の模様を人間の目と勘違いして、王子たちの敵意を読みとれません。この方法により、王子たちはアスラの攻撃を受けることなく、ぶじに森を通りぬけることができたのでした。

最初にもらったときには、何のために、またどのように使うのかもわかりませんでした。それがあるとき、「ああ、このためにもらったのだ」と理解できるのです。使い方は一瞬でおのずとわかるものです。ここでは、王子たちが気がついたということがきわめて重要です。気づかなければ、クジャクの尾の羽根を受けとるという行為が、つながりのある結果として実を結ばないことになります。その場合は、それぞれが別々の出来事として過ぎさっていくように見えるでしょう。気づいたからこそ、行為がつながりのある結果として実を結ぶのです。つながりを感じることに鋭敏である必要があるということを強調する理由はここにあります。

筆者にも、「サザエさん」に関する新聞記事との出合いがありました。筆者は新聞の記事を切りぬくということはあまりしないのですが、このときはなぜか気になって、いつか何かの役にたつかもしれないと思ったのでした。それでも、何のために使うのかという目的ははっきりしていませんでした。まったく何にも使わないという可能性もあったと思います。それが、このようなテーマの設定のもとで使うようになったのです。「ああ、このために切りぬいていたのだった」ということがいえるでしょう。

この寓話には、肝心な場面で金の鳥が現われてきます。しかし、ほとんどの人が見ていません。日常の雑事に追われて、空《そら》を見ることがないからです。みな下を向いているのです。空を見ていなくては、金の鳥が現われても見ることはできません。これも同じく、「気づき」の大切さをいっているのだと思います。金の鳥は空を飛んでいるのですから、すべての人に平等に見るチャンスはあるわけです。しかし、それを実際に見られるかどうかは、わたしたち一人ひとりの姿勢にかかっているといえます。

この時代にはすでに、仏教はスリランカに伝わっていました。アヌラーダプラには、アソーカ（アショーカ）王の王女のサンガミッターがインドからもたらしたとされる菩提樹がいまも大切に保存されており、人々の篤い信仰を集めています。仏教には、目覚めに導くために瞑想という方法があります。こころを静めて、思考のざわめきや感情のうごめきがおさまったときに、青い空に飛翔する金の鳥を見ることができる、というように解釈できるのではないでしょうか。時間的にも空間的にも広がるつながりのあり様に気づくという意味が込められているように思われます。

この「セレンディップの三人の王子」という寓話をもとにして、イギリスの作家ホレース・ウォルポール（一七一七〜一七九七）は「セレンディピティ」ということばを作りました。当初は、「偶然と気づきにより、探していないものを発見すること」を指していたようです。たとえば、探し物をしているときに、それとは別の、以前から気にかかっていた大切なものが見つかるといった類の体験を、三人の王子の冒険に重ねあわせたものと思われます。

「セレンディピティ」は最近は少しニュアンスが変わり、「思いがけない偶然の発見」という意味で、自然科学の分野で注目を集めています。自然科学の分野では、思いがけない偶然の発見が数多くあります。ニュートンの万有引力《ばんゆういんりょく》の発見、レントゲンのX線の発見、フレミングのペニシリンの発見などなど、枚挙《まいきょ》にいとまがありません。わが国でも、小柴さんは思いがけない超新星の爆発が起こって、ニュートリノを捕まえることができました。

田中さんは試薬の配合を間違えたことで、巨大分子の質量の測定方法を開発するきっかけをつかみましたし、白川さんは実験中に誤って焦がしたプラスチックが電気を通すことを発見したのです。

自然科学の分野では同じように、何らかの失敗が大発見につながる例が数多くみられます。失敗にも意味があるということでしょう。それがつながりのある結果に結びつくと、「ああ、このためにあの失敗があったのだ」となるのです。地道な努力と数々の失敗、それにもめげず、わずかな偶然を見逃さない鋭敏さをもって、こころを研ぎ澄ましていると、気づきはおとずれてくれるようです。

行為とその結果のつながりを感じとる体験を、仮に「ああ、このために」体験（そのままです）としておきましょう。セレンディピティにならって「スリランカ」体験、あるいは原点にもどって単純に「縁起」でもよいかもしれません。筆者は、わたしたちの日常の生活のなかで、だれでもがこのような「腑におちる」体験、なぜか「納得できる」体験をしているのではないかと思います。名称が与えられると、ばくぜんとしていた体験の輪郭がはっきりしてくるのではないでしょうか。

三人の王子は旅のなかで、それぞれフィアンセを見つけます。これもまた、「ああ、このために」体験、縁起といえるでしょう。わが国では昔から、「ご縁があって」といい慣らわされてきたものです。過去・現在・未来へと連なる行為とその結果のつながりを「縁起」と表現してきた仏教の伝統を見直すきっかけになれば、と思います。

四　生まれか、行為か

これまで、第六五三詩に触発されて、行為とその結果〔のつながり（縁起）〕という問題について考えてきました。じつは、この詩を含む『スッタニパータ』第三章第九経全体を通してみると、筆者が考える行為とその結果〔のつながり〕という観点とは異なる〔と思われる〕、別の観点から行為とその結果について論じられています。

筆者とは別の観点とはどのようなものなのでしょうか。行為とその結果について、どのように論じられているのでしょうか。あらためて、それを見てみましょう。第九経はつぎのように始まります。

二人の若いバラモンが歩きながら話をはじめました。テーマは「バラモンとは何か」ということのようです。「どのような人がバラモンであるのか」「どのような人がバラモンと呼ばれるにふさわしいのか」などの問いに対して、二人の意見は異なり、おのずと議論に発展していきました。

一人は、「父方についても、母方についても、双方ともに家柄がよく、清浄《しょうじょう》な家系に生まれ、七世代前の先祖にさかのぼるまで、血統に関して叱責を受けたことがなく、非難されたことがないならば、まさにこのことによってバラモンなのである」と主張しました。もう一人は、「戒《いまし》めを守り、〔なすべき〕務めを行なっているならば、まさにこのことによってバラモンなのである」と主張しました。

二人はともに相手を説得することができませんでした。そこで、最近名声が高まっているゴータマという名の修行者に会って、この問題についてたずねてみようということになり、ゴータマ・ブッダのもとにやってきました。「はたして、生まれによってバラモンであるのか、それとも、行為によってバラモンであるのか」と。ゴータマ・ブッダは、どのように答えたのでしょうか。

気がついた方もいるかと思います。二人のバラモンは「バラモン」について議論しているのですが、両者でイメージしているものが違います。同じ「バラモン」ということばを使っていますが、一方はバラモンの形式的でおおよそ客観的に認めることのできる定義に関わる主張で、生まれによって決められるバラモンの資格です。これははっきりしていて、バラモンであればかならずバラモンです。バラモンであってもバラモンではないという言い方はできません。

もう一方はバラモンの内面を含む人格的で実質的な中身の定義に関わる主張で、行為によって決められるバラモンの資格です。これはあいまいで、バラモンであればバラモンであるとかならずしもいわれない場合があります。バラモンであってもバラモンではないという言い方が可能です。形式的にはバラモンと呼ばれても、人格的にはバラモンと呼ばれない場合もあり得るという意味です。バラモンと呼ばれるにふさわしい実質的な中身を重視しているのです。

両者はそれぞれが違うイメージにもとづいて主張しているわけですから、おたがいを説得できないのもむりはありません。冷静になっておたがいの主張を認めれば、そこから先に一歩進むことができ、より意義深い議論ができたと思います。形式的な正当性を裏づける根拠はこれだけでよいか、あるいは、さらにどのような要件がつけ加えられるべきか、より根源的には、そもそもこのような主張に正当性はあるのか、などなど。また、バラモンにふさわしい人格とは何か、バラモンにふさわしい行為とは何か、などなど。

相手を論破してやろうという議論ではなく、より本質的な議論ができるようにこころがけていれば、ゴータマ・ブッダをわずらわすこともなかったでしょう。でもそのおかげで、ゴータマ・ブッダがバラモンについてどのように考えているのかを知ることができました。

筆者は、両者の主張はそれぞれ妥当であると考えます。わが国でも、たとえば、江戸っ子は三世代にわたって江戸に住んでいなければならないといわれています。地方から上京してきた人がいきなり自分は江戸っ子になったといっても、だれも認めないでしょう。生まれによる正当性を判定する基準が、社会的にゆるやかに形成されているからです。その一方で、江戸っ子の実質的な中身といえば、借家住まいで宵越《よいご》しの銭《ぜに》はもたないといわれるような特有の気質をもっていなければなりません。たとえ三世代目以上であっても、お金を貯めて大きな屋敷を構えるような野暮《やぼ》な人は、江戸っ子とは呼ばれません。そういう意味での基準もまた、社会的にゆるやかに形成されています（時代によって多少の変動はあるようですが）。

ゴータマ・ブッダは、筆者のような立場はとりません。形式的な定義などにはまったく価値をおきません。とにかく、バラモンであるための実質に焦点をしぼって論じていきます。ヴェーダの宗教によって社会全体の秩序が維持されていた時代です。バラモンが生まれつき神聖な存在であることは聖典にもうたわれており、そのことについて疑問をさしはさむ余地はありませんでした。しかし、ゴータマ・ブッダは、生まれの純粋性を保つことによって支配者として長く社会に君臨してきたバラモンの正当性の基盤を根底から否定して、行為による実質を求めます。おだやかでありながらもなお、革新性ないし急進性を強く感じさせる姿勢をつらぬきます。

まず、ゴータマ・ブッダは、もろもろの生き物の生まれによる区別を説明します。植物について、さまざまな種類があり、それぞれに生まれが異なり、生まれにもとづく特徴があり、区別があることを述べます。植物の区別は生まれにもとづいているといえるでしょう。つづいて、昆虫について、動物について、爬虫類について、魚類について、鳥類について、同じように、それぞれ生まれにもとづく特徴があり、生まれによって区別されるといいます。

しかし、人間はそのような生まれにもとづく特徴はありません。人間にはさまざまな種類はなく、人間に区別があるのは生まれによるのではなく、ただ呼び名によるのであると説きます。その呼び名は行為にもとづいてつけられています。たとえば、牧牛によって生活する人は、農夫と呼ばれます。技能によって生活する人は、職人と呼ばれます。商売によって生活する人は、商人と呼ばれます。他者に仕えることによって生活する人は、召使いと呼ばれます。盗みによって生活する人は、盗人と呼ばれます。弓術によって生活する人は、戦士と呼ばれます。祭祀《さいし》によって生活する人は、司祭と呼ばれます。村や国を領有する人は、王と呼ばれます。これらの人々はけっしてバラモンではないといいます。

行為によって農夫となり、行為によって職人となる。行為によって商人となり、行為

によって召使いとなるのである。（六五一）

行為によって盗人ともなり、行為によって戦士ともなる。行為によって司祭ともなり、行為によって王ともなるのである。（六五二）

賢者たちはこのように行為（業）をあるがままに見る。かれらは縁起を見る者であり、行為とその結果を知る者である。（六五三）

「行為とその結果」が、たとえば商売という行為をする人はその結果として商人という呼び名をもつということでよいのかどうか。「縁起」が、商売という行為に縁って商人と呼ばれるという結果が起こるということでよいのかどうか。文脈に従えばそのように読めますが、はたしてそれでよいのかどうか、疑問が残ります。筆者の「縁起」ならびに「行為とその結果」についての解釈はすでに述べたとおりです。第九経全体では、筆者のような縁起という観点ではなく、生まれよりも行為を重んじるという観点から、行為とその結果が論じられています。これについて、もう少し見ていきましょう。

五　行為とバラモン

ゴータマ・ブッダは、人間には生まれによる区別はなく、行為による区別があるだけである、と説きます。たとえば、商売をする人は、その行為によって他者と区別され、商人と呼ばれます。また、牧牛をする人は、その行為によって他者と区別され、農夫と呼ばれます。

生まれによってバラモンと呼ばれ、それが当然であると思われていた時代に、ゴータマ・ブッダは、呼び名は慣習によって仮につけられたものにすぎず、生まれという基準だけでバラモンと呼ぶのは、長いあいだに植えつけられた偏見のようなものである、と考えました。ゴータマ・ブッダにとって生まれよりも大切な基準は、行為に現われる人格的な実質でした。

これは世の中における呼び名であり、名や姓は〔仮に〕つけられたものである。慣習から生じて、そこかしこでつけられたものである。（六四八）

〔そのことを〕知らない人々は、長きにわたって誤った偏見を抱いている。かれらはわれわれにいう。「生まれによってバラモンとなるのである」と。（六四九）

生まれによってバラモンとなるのではない。生まれによってバラモンでない者となるのでもない。行為によってバラモンとなるのである。行為によってバラモンでない者となるのである。（六五〇）

行為によってバラモンとなる、という趣旨はわかりました。それでは、どのような行為をする人が他者と区別されて、バラモンと呼ばれるのでしょうか。

第六二〇詩から第六四七詩にかけて、バラモンと呼ばれるにふさわしい人はどのような人で、どのような行為をするのか、ということが説かれています。「こういう人を、わたしはバラモンと呼ぶ」という形式で列挙されているのですが、ほとんど整理されていないような感じを受けます。さまざまな形容詞や形容句を省略して、ほぼ順序どおりに以下にあげてみましょう。

「所有物がない人」「執着がない人」「束縛を断った人」「恐れがない人」「目覚めた人（ブッダ）」「忍耐力がある人」「怒りがない人」「戒律を守る人」「最後の身体に達した人」

「欲望の対象に汚されない人」「苦しみが滅びたことを知った人」「重荷を下ろした人」「智慧がある人」「最高の目的に達した人」「在家者とも出家者とも交わらず、家なくして行く人」「欲の少ない人」「生き物に暴力を加えず、殺さず、殺させることのない人」「敵意がない人」「こころ安らいでいる人」「貪りと怒りと慢心と悪意がない人」「真実のことばを語り、ことばによって他者の感情を損なうことのない人」「与えられないものを取らない人」「この世もあの世も望まない人」「不死の底に達した人」「善悪に染まらない人」「憂いなく、汚れなく、清らかな人」「喜びや生存が尽きた人」「輪廻《りんね》や迷妄《めいもう》を超えて、彼岸に達した人」「瞑想して動揺のない人」「欲望の対象を捨てた人」「欲望を捨てた人」「人間の軛《くびき》や天上の軛を捨てた人」「快楽と不快を捨て、清涼《しょうりょう》となった人」「生きとし生けるものの死と再生をすべて知る人」「神々や人々がその行方を知らない人」「前世の生涯を知り、天界と苦界を見た人」。

これだけ多くの項目をあげられると、いったい何をする人がバラモンであるのか、容易には理解できないでしょう。牧牛とか商売とか、一言で表現するのはむずかしいようです。あえて一言でいうと、「バラモンらしい行為」ということになるでしょうか。そうなると、「バラモンらしさとは何か」ということが問題になります。これには、当時のバラモンに対するイメージが大きく影響していると思われます。

そのイメージについて、『スッタニパータ』第二章第七経に、むかしのバラモンたちの生活のあり方と、かれらが徐々に堕落していく様子が描かれているので、少なからず参考になると思います。

それによると、むかしのバラモンは自己を律する苦行者《くぎょうしゃ》であり、欲望の対象を捨てて、みずからの目的を探求していました。禁欲、戒律、正直、柔和、苦行、不殺生《ふせっしょう》、忍耐をほめたたえつつ、ヴェーダを読誦《どくじゅ》することに専念し、家畜や黄金や穀物などを所有することはありませんでした。バラモンは神聖で、行動を妨げられることはなく、人々はバラモンを尊敬し、食事などの世話を喜んでひき受けていました。正しい仕方で祭祀を行ない、犠牲として牛を殺しませんでした。バラモンは自分のなすべき義務を行ない、かれらのおかげで人々は繁栄し、幸せに暮らしていました。

ところが、王者の栄華と女性の美しさに目がくらんだバラモンは、これらを手に入れようとして、王に祭祀を行なうことを勧めるようになります。王から多くの財産を得ると、もっと財産を増やそうと望んでさらに祭祀を勧め、牛を犠牲としてささげるようになりました。むかしは欲と飢えと老いという三種類の病いがあるだけでしたが、祭祀のために牛をはじめとして多くの家畜を殺したので、九十八種類の病いがおこったといわれます。

このようにして社会の秩序は乱れ、生まれを誇っていた人々でさえも、そのために何をなすべきかという議論を離れて、ただ欲望の対象に支配されるにいたりました。それがいまのバラモンのすがたであるというのです。

これが事実であるかどうかはわかりません。しかし、当時のバラモンが精神的なリーダーとして期待されながら、現実にはリーダーたりえない状況におちいっていたであろうこと、またそれゆえに、過去のバラモンのイメージが相対的にふくれあがり、理想的な修行者として祭りあげられていったであろうこと、は容易に想像がつきます。むかしはよかった、というわけです。

「生まれによってバラモンであるのか、それとも、行為によってバラモンであるのか」と質問した二人のバラモンは、ゴータマ・ブッダの答えにおおいに喜び、在俗の信者になったとされます。ゴータマ・ブッダと意見を同じくするバラモンは、より確信がもてたでしょう。もう一人のバラモンは、ゴータマ・ブッダの説明によって納得できたのでしょうか。少なくとも、反論があったとは書かれていません。

『スッタニパータ』第三章第四経と第三章第五経には、供養をささげるべき人はどのような人で、どのような行為をするのか、ということが説かれています。列挙の仕方も説かれる内容も、これまでみてきたような、バラモンと呼ばれるべき人の場合とほとんど同じです。

ここでも、「生まれを問うのではなく、行為を問いなさい」（四六二）といっていて、行為を重視する姿勢は一貫しています。ただしここでは、バラモンだけについていうのではなく、どんなに賤しいとされる生まれの人でも、行為によっては高貴な人と呼ぶべきであり、供養をささげるべきである、と考えられています。「火はじつに〔あらゆる〕薪から生じるもの」（四六二）だからです。

行為に現われる人格的な実質を問題にすると、バラモンだけの問題ではなくなり、あらゆる修行者にとっての理想的な修行者のイメージについて語ることになります。『スッタニパータ』全体をとおしても、「バラモン」は「理想的な修行者」という意味で用いられる例が多くみられます。

『スッタニパータ』は仏教の経典ですから、理想的な修行者としては「ブッダ」の方がふさわしいように思われます。それでも、仏教的な表現を使わずに、バラモンという表現を使っているのは、仏教が教団として確立する以前の雰囲気が、現実としてそういうものだったからなのではないでしょうか。「目覚めた人（ブッダ）、こういう人をわたしはバラモンと呼ぶ」（六二二）という記述もあるくらいです。ブッダよりもバラモンの方が、当時の人々にとって、理想的な修行者としてのイメージを抱きやすかったということなのでしょう。

六　行為と賤民

バラモンは生まれによってバラモンとなるのではなく、「理想的な修行者」としての行為によってバラモンとなるのである、とゴータマ・ブッダは考えました。理想的な修行者としての行為は、第三章第九経の最後に、つぎのようにまとめられています。

苦行《くぎよう》と禁欲と自制と自律、これによってバラモンとなる。これが最高のバラモンの位である。（六五五）

三つの明知《みようち》をそなえ、こころ安らかにして、再び世に生まれることのない人は、識者たちにとって、ブラフマー神（梵天《ぼんてん》、バラモンは梵天の親族とされる）やインドラ神（帝釈天《たいしやくてん》、神々のなかの神とされる）〔と同等〕である。ヴァーセッタよ、このように知れ。（六五六）

苦行と禁欲と自制と自律が、バラモンらしい直接的な行為としてあげられています。仏教の修行者は、戒律と瞑想と智慧という直接的な行為によって目覚め〔た人（ブッダ）になり〕、苦しみを滅ぼして安らぎにいたることを目指します。ここでは、教えを聞く相手がバラモンであり、またテーマがバラモンとは何かということもあって、仏教的な表現を使わず、あえてバラモンにとって理解しやすい表現を使ったのだと思われます。それが仏教的な改変を受けずに、そのまま伝承されていったのです。

理想的な修行者としての実質があれば、それがバラモンと呼ばれようと、ブッダと呼ばれようと、こだわっていなかったといえるでしょう。仏教が仏教としてそれほど確立されていない時代の雰囲気をかいま見せてくれます。『スッタニパータ』の成立が古いとされる根拠でもあります。ゴータマ・ブッダのこだわりのないおおらかさは、当時の人々に大きな驚きと感銘を与えたに違いありません。

いずれにしても、理想的な修行者としての行為によって、前節で列挙したような、バラモンと呼ばれるにふさわしい者となるのです。『スッタニパータ』に表現されたままを筆者なりに整理すると、以下のようになります。

1　欲望がない、ないし欲望を克服した。
2　感情がない、ないし感情を克服した。
3　苦しみを滅ぼした。それゆえ、こころが安らいでいる。

4　輪廻を超越した。

欲望に関してはすでに論じたのでくり返しません。感情に関しても、欲望と同じように考えるとよいかと思います。怒りも喜びもなくなる、といわれると、欲望がなくなるといわれる場合と同じく、人間でなくなろうとしているような印象をもたれるかもしれません。人間でなくなろうとしているのではなく、わたしたちが想定している人間を超えて成長しようとしている、と考えるべきです。これまでの〔わたしたちが想定している〕人間ではなくなるかもしれませんが、新しい段階へと成長した人間として、依然として人間のままです。わたしたちのもつ、ばらばらコスモロジーの感情としての怒りや喜びはなくなるかもしれませんが、つながりコスモロジーの感情は、異なったあり方で依然としてあります。

苦しみを滅ぼすということについて、あらゆる感情をなくし、そもそも何も感じなくなった状態を指して、苦しみをなくし滅ぼしたといっているのである、と解釈する人がいます。そうして、苦しみがなくなるのと同時に楽しみまでなくなってしまう、とも解釈します。結果として、そのような人間にはなりたくないと考えるのでしょう、仏教の思想は自分とは関係のないものだと判断してしまいます。あらゆる感情をなくした人間が仏教の説く究極の人間のあり方であれば、それも妥当な判断ですが、残念ながら、あらゆる感情をなくすという解釈はまちがっています。

あらゆる感情はなくなりません。少なくとも、ばらばらコスモロジーでも理解できる、安らいでいるという感情は失われません。深い安らぎという基盤のうえに、ばらばらコスモロジーにおける苦しみや楽しみはなくなります。しかし、わたしたちが現在体験しているような苦しみや楽しみは、これまでとは質の違ったものとして体験されるのです。

それよりも大切なのは、仏教でいわれる滅ぼすべき苦しみの反対語は楽しみではなく、安らぎであるということです。このあたりの誤解が、単純な感情論をひきおこすのだと思われます。つながりコスモロジーにおいては、ばらばらコスモロジーでは得られないほどの充足感や安心感が得られます。それが根底にあるからこそ、形態はさまざまに変わっても、仏教が仏教として、今日まで連綿と受けつがれてきているのだと思います。

さて、『スッタニパータ』第一章第七経には、カーストの体系にすら属することのできない最下層の人間である賤民と最上層の人間であるバラモンを対照して、生まれよりも行為が重要である、という同様の趣旨の教えが説かれています。

生まれによって賤民となるのではない。生まれによってバラモンとなるのではない。行為（業）によって賤民となり、行為によってバラモンとなるのである。（一三六＝一四二）

あわせて、「賤民」とはどのような人なのかが説かれています。「怒り、恨み、悪意、偽りのある人」「生き物を殺し、慈悲心のない人」「村や町を破壊し占領する圧制者」「与えられない他者のものを取る人」「返済を迫られて偽る人」「道行く人を殺して、わずかなものを取る人」「証人として嘘をつく人」「友人たちの妻と交わる人」「年老いた父母を養わない人」「父母や兄弟を打ち、ののしる人」「隠しだてをして他者に教えない人」「自分の悪い行ないを隠そうとする人」「ご馳走になって、返礼しない人」「嘘をついてバラモンや沙門《しゃもん》をだます人」「バラモンや沙門に食事を与えない人」「愚かで、真実でないことを語る人」「自分をほめ、他者をけなす人」「けちで物惜しみし、ずるく恥を知らない人」「ブッダやその弟子をそしる人」「アルハット（阿羅漢《あらかん》、尊敬されるべき人）でないのに、アルハットであると自称する人」。

このような行為をしない人がバラモンである、とは説かれていませんが、文脈からは明らかにそのように受けとれます。見ればわかるように、これらは修行者としてのバラモンではなく、在家者としてのバラモンに対する教えといえるでしょう。

『スッタニパータ』には、在家者に対する教えも数多く含まれています。しかし、それはとくにゴータマ・ブッダや仏教をもちださなくても、わたしたちの道徳のレヴェルで理解できるものです。ゴータマ・ブッダの思想には通常の倫理道徳も含まれますが、核心部分はそこにはありません。道徳のレヴェルを含んで超えている、その超越的な段階を理解しなければなりません。わたしたちがたとえ倫理道徳的に完成されたとしても、苦しみやまよいから逃れることはできないでしょう。ゴータマ・ブッダは、わたしたちが勝手に想定している人間の精神的な成長の頂点よりも、わたしたちはもっと成長できるということを示してくれているのです。そこにこそゴータマ・ブッダの思想の核心があります。

これまで出家者あるいは修行者に対する教えを中心に考察してきました。わたしたちは在家者だから関係のない話だ、と思われる方もいるかもしれません。筆者はゴータマ・ブッダの思想を、人間のこころの成長という観点で捉えています。わたしたちのこころが成長するならば、ゴータマ・ブッダの指し示す方向であると考えています。仏教的にいえば、安らぎやさとりを目指すということです。関係は大いにあるのです。

見る人の高さによって、見える風景は異なります。たとえば、マンションの一階に住んでいる人と五階に住んでいる人とでは、見える風景は異なります。一階と十階ではもっと違いが大きいでしょう。ところが、五十階と五十一階とではたいして変わりません。上には上がありますが、ある高さにまで登ってしまうと、あとはたいして変わらないということです。ばらばらコスモロジーからつながりコスモロジーへと成長していくのも同じようです。何百階もの高みを目指してけっきょく失望に終わるよりも、違いがわかる程度の高さにまで登っていくことを目指すのが肝要であると思います。

第五章　ゴータマ・ブッダの生涯

一　誕生

ゴータマ・ブッダの生涯は、原始仏教経典のなかに断片的に述べられています。それがいわゆる「仏伝」（ゴータマ・ブッダの伝記）として記述されるようになったのは、かなり後のことです。

最初期の弟子たちは、ゴータマ・ブッダの伝記を必要としませんでした。かれらは実際にゴータマ・ブッダの人格に触れていたという事情もありますが、それよりも、かれらの主な関心が、ゴータマ・ブッダという個人の事跡よりも、ゴータマ・ブッダがさとりを得て説き示した教えにあったからです。

『スッタニパータ』にも、生涯を一貫してたどろうという意図はうかがわれません。それでも、ゴータマ・ブッダの人生の一端をかいまみることはできます。成立が最も古い経典といわれる『スッタニパータ』から、どのような生涯が見えてくるでしょうか。ゴータマ・ブッダの思想の探求という意味では、補完的な役割をはたしてくれると思います。

それではこれから『スッタニパータ』の記述にしたがい、神話的な伝説も交えながら、ゴータマ・ブッダの生涯をみていきます。神話的な伝説にはゴータマ・ブッダはまったく関与していないと思いますが、その後ゴータマ・ブッダの教えを伝承していった人々は、おそらく意図的であることを意識しないままに、神話的な伝説を創作し、活用していたと思われます。それを理解し、わきまえておくことは、そもそも伝承された経典からゴータマ・ブッダの思想を抽出し、考察するわたしたちにとって重要な意味をもちます。


尊者サーリプッタはいった。「わたしはこれまで見たことがない。あるいは、だれからも聞いたことがない。このように妙なることばを語る師（ゴータマ・ブッダ）が、集団の主としてトゥシタ天から〔生まれて〕来られた、とは。」（九五五）

「トゥシタ天から来られた」という表現があります。トゥシタ天とは、仏教の宇宙観によると、欲望が支配する世界の上から三番目の天の名称で、つぎにブッダになる者が直前に生まれる場所です。現在はメッテイヤ（マイトレーヤ、弥勒《みろく》）がいて、ブッダとしてこの世に生まれる準備をしていることになっています。

『スッタニパータ』は成立が古いといわれますが、ゴータマ・ブッダの語った〔古い〕教えだけが、〔古い形のまま〕伝承されているわけではありません。多分に〔新しい〕要素も含まれていて、後に確立した仏教的な宇宙観が入りこんでいることもあります。第三章第十経には、さまざまな地獄の様子が詳しく述べられているほどです。

トゥシタ天から連想される有名な物語があります。ゴータマ・ブッダが亡くなってある程度の年月を経て、ゴータマ・ブッダがブッダとなったのは単なる現世における修行の結果ではなく、久しく遠い昔から数々の生涯を経るなかでのたゆみない修行、努力の賜物である、と考えられるようになり、多くの「前生物語《ぜんしょう》」が生みだされました。そのなかの、ディーパンカラ・ブッダの予言にまつわる物語です。

その昔、アマラヴァティーという都に、スメーダという名のバラモンが住んでいました。幼少のころ、両親がばく大な財産を遺して亡くなりました。スメーダはつぎのように考えたといわれます。「こんなに財産を貯えたのに、両親はあの世に行くとき一銭ももって行かなかった。わたしは財産よりも不死の安らぎの境地を求めるべきである」と。スメーダは遺された財産を多くの人々に施し、出家して、苦行者になりました。

このようにして苦行者となり、修行にはげんでいたとき、ディーパンカラという名のブッダがこの世に出現しました。スメーダは人々が歓喜して道をきれいにしているのを見て、みずからもその清掃に参加しました。ところが、自分の受け持ちの道がきれいにならないうちに、ディーパンカラ・ブッダが歩いてきたのです。「わたしを踏みつけて進んでください。泥のなかに入って汚れませんように」と、スメーダはみずからの身体を泥土に投げだしました。そして、うつ伏せになったまま、「将来、最上のさとりを得てブッダとなり、多くの人を輪廻《りんね》の海から救おう」と誓いをたてました。その姿を見たディーパンカラ・ブッダは、「この苦行者はブッダになろうと決心して身を伏せている。その願いはかならず叶えられるであろう。はるかな将来、かれはゴータマという名をもつブッダになるであろう」と予言しました。

スメーダはこのような予言を受けた後にも多くの生涯を経験し、そのなかでさらに修行をつづけて、ついにトゥシタ天に生まれます。トゥシタ天では、神々に教えを説きながら地上に下る時を待っていました。そして、ようやくその時がやってきます。人間社会で「無常《むじょう》・苦《く》・非我《ひが》」という教えが理解されるのに適切な時機があるのです。つぎに、どこに下るかという問題があります。そこでよく観察した結果、インドの中央部が最適であるということがわかり、その地方のシャカ族でクシャトリヤ階級のスッドーダナ王とマーヤー夫人のあいだに生をうけることに決まりました。

トゥシタ天では神々が別れを惜しみます。後任にはメッテイヤが定められ、いよいよ入胎という段になります。そのとき、ゴータマ・ブッダは白い象の姿になって、マーヤー夫人の右脇から胎内に入ったとされます。マーヤー夫人もその出来事を夢に見て、王に語っています。母胎に宿っているあいだは、四人の天子がずっと見守ってくれていました。ぶじに臨月をむかえたマーヤー夫人は、当時のインドの慣習にしたがい、お産をするために実家に帰ることになります。

大勢の従者につきそわれて、マーヤー夫人は生まれ故郷のコーリヤ族の都であるデーヴァダハに向かっていました。その途中、ルンビニー園と呼ばれるサーラ樹の森で休息をとります。マーヤー夫人は景色を楽しみながら森のなかに入っていき、吉祥《きちじょう》なサーラ樹の枝に手をのばしました。その手が枝に触れたとたん、陣痛がはじまり、立ったままで出産したといわれます。

〔神々はいった〕「比類なきすぐれた宝である、かのボーディサッタ（菩薩《ぼさつ》、ここでは、ゴータマ・ブッダのことを指します）が、人間の世界に利益と安楽をもたらすために、シャカ族の村、ルンビニーの里に生まれました。それで、わたしたちはこころ満たされ、こんなにも喜んでいるのです。」（六八三）

ゴータマ・ブッダはルンビニー園で生まれたとされます。現在のネパールのタラーイ地方、ルンビニ県ルンビニにあたります。この地で一八九六年に、アショーカ王が建てたといわれる石柱が発見されました。石柱に刻まれた碑文には、アショーカ王が王になって二十年目にこの地を訪れたこと、ゴータマ・ブッダがこの地で生まれたことを記念して石柱を建てたこと、ルンビニー村は税金を免除されること、などが記されています（ルンミンデーイ法勅《ほうちょく》と呼ばれます）。

ゴータマ・ブッダが生まれた年（および亡くなった年）については数々の説がありますが、おおよそつぎの二説にしぼられます。

一　西暦前五六〇年—四八〇年頃説　おもに南方仏教の伝統にもとづく説で、ゴータマ・ブッダの死からアショーカ王の即位までを二百十余年と計算したもの

二　西暦前四六〇年—三八〇年頃説　おもに北方仏教の伝統にもとづく説で、ゴータマ・ブッダの死からアショーカ王の即位までを百十余年と計算したもの

この二説には約百年の差がみられますが、インド古代史における年代決定の困難さから考えると、この百年という数字はきわめてわずかな差といえます。今日の標準的な説としては、中村元博士のとなえる西暦前四六三年―三八三年説が採用されています。

二　予　言

王さま、〔この方角を〕まっすぐ〔行くと〕、雪山《せっせん》（ヒマラヤ）のふもとに一つの国がありますｌ。コーサラ国に住む〔王〕のもの（所領）であり、〔人々は〕富と勇気をそなえています。氏姓については「太陽の系統」、種族については「シャカ族」と申します。（四二二―四二三）

カピラヴァットゥの都から、世界の指導者が〔現われ〕出ました。かれはオッカーカ王の末裔《まつえい》、シャカ族の子で、光明をもたらす方です。（九九一）

わが国では、ゴータマ・ブッダのことを「お釈迦さま」と呼び慣らわしてきました。それは「シャカ族」という種族に由来する名称であることがわかると思います。最近は、種族名である「釈迦」を個人名として使うことは少なくなっていて、「釈迦族の尊者」という意味での「釈尊《しゃくそん》」、ないしは「ゴータマ姓のブッダ」という意味での「ゴータマ・ブッダ」が、個人名として一般的になりつつあります。

シャカ族はその祖先をオッカーカ王＝イクシュヴァーク王としています。イクシュヴァーク王とは、人類の祖とされるマヌの子であり、太陽神スーリヤにはじまる王統を開いたとされる偉大な王です。じつは、コーサラ国王の系譜もイクシュヴァーク王からはじまっています。その末裔を名のったり「太陽の系統」を標榜するシャカ族は、みずからの系譜に誇りをもっていて、コーサラ国に従属しているにもかかわらず、コーサラ国王と同等の権威を主張していたことがわかります。

現在、シャカ族の都であったカピラヴァットゥを掘りあてる調査がすすめられています。しかし、いまだ特定されるにいたっていません。インドのウッタル・プラデーシュ州バスティ県のピプラーワーと、ネパールのルンビニ県のティラウラコットの二ケ所が、有力な候補地とみなされています。数多くの重要な遺物が両方の遺跡から発見されていますが、決定的な証拠は見つかっていません。それに加えて、両国の政治的な意図もからみあい、最終的な決着をみていないというのが現状です。

さて、『スッタニパータ』第三章第十一経には、ゴータマ・ブッダが誕生したときに、アシタ仙人が訪ねてきて王子の将来を予言したという逸話が伝えられています。

　アシタ仙人は昼の休息のときに、三十〔三天〕の神々がこころ満たされ歓喜しているのを見て、神々にたずねました。

「神々はどうして喜んでいるのですか。衣をとって振っているのはなぜですか。アスラ〔阿修羅《あしゅら》〕たちとの戦いに勝ったときにも、これほどの喜びようではありませんでした。いったい何ごとがあって、神々はこんなに喜んでいるのですか。」

「比類なきすぐれた宝である、かのボーディサッタ〔菩薩、ここでは、ゴータマ・ブッダのことを指します〕が、人間の世界に利益と安楽をもたらすために、シャカ族の村、ルンビニーの里に生まれました。それで、わたしたちはこころ満たされ、こんなにも喜んでいるのです。生きとし生けるもののなかで最上の人は、「仙人〔の集まる所〕」という名の林で〔真理の〕輪をまわすでしょう。百獣の王であるライオンがほえるように。」

　アシタ仙人はそれを聞いて、すぐに〔人間世界に〕降りていきました。スッドーダナ王の宮殿におもむき、そこにすわって、シャカ族の人々にたずねます。

「王子はどこにいますか。わたしも会いたい。」

　シャカ族の人々は、黄金のようにきらめき輝く尊い顔の王子をアシタ仙人に見せました。

　アシタ仙人は、雲を離れて照り輝く秋の太陽のような王子を見て、こころ喜び、うれしくなって、その子を抱きかかえました。占相《せんそう》に通暁しているかれは〔身体的な特徴を〕調べ、晴れやかな気持ちになって、歓声をあげました。

「この王子は人間のなかで最上の人です。無上の方です。」

その一方で、アシタ仙人は自分の行く末を思い、ふさぎこみ、涙を流しました。それを見て、シャカ族の人々は心配してたずねます。

「わたしたちの王子に障りがあるのでしょうか。」

「王子に障りがあるのではありません。この方は凡庸ではありません。いつかかならず最高のさとりに達するでしょう。多くの人々のために真理の輪をまわすことでしょう。この方の清らかな行ないは広まるでしょう。しかし、この世におけるわたしの寿命はいくばくもありません。〔この方がさとりを得るまえに〕わたしは死んでしまうでしょう。比類なき人の教えを聞くことはできないでしょう。それで、わたしは悩み、悲しんでいるのです。」

アシタ仙人はシャカ族の人々を大いに喜ばせて、去っていきました。それから、自分の甥のナーラカを呼んでいいました。

「『ブッダが現われ、さとりを得て、真理の道を歩んでいる』という声を聞いたら、そこに行って教えを聞き、その師のもとで清らかな行ないをしなさい」と。

アシタ仙人による予言の逸話はここまでです。このあとには、福徳を積みながらブッダが現われるのを待ち望んでいたナーラカが、ゴータマ・ブッダがさとりを得たということを聞いて訪ねて行き、アシタ仙人の予言が正しかったことを述べ、さらに最高の聖者の境地について質問しています。

ここでは、ゴータマ・ブッダが将来ブッダになることを予言しているだけですが、『スッタニパータ』の別の箇所には、つぎのような記述もみられます。

もしかれが在家《ざいけ》にとどまるならば、この大地を征服するであろう。刑罰によらず、武器によらず、法によって統治する。（一〇〇二）

またもしかれが在家から家なき状態へと出家すれば、〔煩悩《ぼんのう》の〕覆いを開いて、目覚めた人（ブッダ）、尊敬されるべき人（アルハット、阿羅漢《あらかん》）、最上の人となる。（一〇〇三）

ゴータマ・ブッダは将来ブッダになるはずですが、もう一つの選択肢として、法によって世界を統治する者にもなれる、ということをいっています。法によって世界を統治する者とは、古代インドにおける理想の帝王である転輪王《てんりんおう》のことです。三十二の身体的な特徴をそなえる偉大な人物の将来は、ブッダになるか、転輪王となるか、二つのうちの一つと考えられるようになってきています。

転輪王に関しては、つぎのような記述もあります。

セーラという名のバラモンがゴータマ・ブッダに頼みます。

「あなたは輪転王となり、戦車の主として、四方を領有し征服して、ジャンブ洲（インド）を統治するのがふさわしい。（五五二）

クシャトリヤや地方の王たちは、あなたに服従します。ゴータマよ。王の中の王として、人々の帝王として、統治してください。」（五五三）

ゴータマ・ブッダは答えます。

「セーラよ。わたしは王ではあるが、無上の真理の王である。わたしは真理によって輪をまわす。だれも反転できない輪を。」（五五四）

その後、セーラはゴータマ・ブッダの教えを聞いて、弟子たちとともに出家することになります。

ブッダになっている人に、世界を統治してください、と頼むのもおかしな話です。本当にこのような会話があったのかどうか、ほとんど考えにくいことです。それをあえて記述しているのは、世俗的な権威を借りてまでも、ゴータマ・ブッダが偉大な人物であるということを強調したかったのでしょうか。経典として成立する過程で、ゴータマ・ブッダを敬慕する思いが必要以上に尊重され、過度に表現されて、このような会話になっているのだろうと思います。

成立が古いといわれる『スッタニパータ』においてもすでに、ゴータマ・ブッダの神格化や伝説化がはじまっているといえるでしょう。

三　出　家

『スッタニパータ』第三章第一経には、ゴータマ・ブッダがどのようにして出家したのか、その様子が描かれています。

アーナンダによると、ゴータマ・ブッダは、「この在家の生活はわずらわしくて、塵の積もる場所である。しかし、出家は〔わずらいもなく、塵も積もらない〕広々とした場所である」と見て出家したということです。出家してからは、身体とことばによる悪い行為を離れ、捨てて、生活を清らかにしました。

ゴータマ・ブッダはその後、マガダ国の都である、山に囲まれたラージャガハに行きました。托鉢《たくはつ》のために歩いているゴータマ・ブッダの姿を見たマガダ国王ビンビサーラは、家来たちにつぎのように命じます。

「この人を見なさい。美しく、大きく、清らかで、振る舞いにも節度がある。視線を下に落とし、目の前を見るだけで、よく気をつけている。賤しい家柄の者ではないようである。この出家修行者はどこに行くのであろうか。追って〔確かめなさい〕。」

家来たちはゴータマ・ブッダのあとを追います。「この出家修行者はどこに行くのだろうか。いったいどこに住んでいるのだろうか」と。

ゴータマ・ブッダは感官を守ってよく制御し、意識しながらよく気をつけて、〔家ごとに〕順々に食を乞い、すみやかに鉢を満たしました。托鉢を終えると、ラージャガハを出て、パンダヴァ山におもむきました。家来の一人がもどって、王に報告します。

「大王さま。あの出家修行者はパンダヴァ山の東にある洞窟のなかで、あたかもライオンのようにすわっています。」

家来のことばを聞くと、ビンビサーラ王はりっぱな車に乗り、急いでパンダヴァ山に向かいました。車に乗って行けるところまで車で行き、そこからは車から降りて、歩いて近づいていき、ゴータマ・ブッダのそばにすわりました。挨拶のことばを交わして、王はつぎのようにいいました。

「あなたは若くて青春にあふれ、人生の初めにある若者です。容姿も端麗で、よい家柄の生まれのクシャトリヤのようです。象の群れを先頭とする精鋭の軍隊を用意して、あなたに財物を提供しましょう。それを受けとってください。〔ぜひとも〕あなたの生まれを教えてください。」

ゴータマ・ブッダは答えます。


王さま、〔この方角を〕まっすぐ〔行くと〕、雪山（ヒマラヤ）のふもとに一つの国がありまます。コーサラ国に住む〔王〕のもの（所領）であり、〔人々は〕富と勇気をそなえています。（四二二）

氏姓については「太陽の末裔」、種族については「シャカ族」と申します。王さま、

わたしはその家から出家したのです。欲望の対象を求めているのではありません。（四二三）

もろもろの欲望の対象に患《うれ》いを見、そこから離れることが安穏《あんのん》〔への道〕であると見て、努めようと思います。わたしのこころは、それを喜びとしているのです。（四二四）

ゴータマ・ブッダに出家を強くうながしたであろうと推測される、ゴータマ・ブッダ自身の内面の問題にまで立ちいって、くわしい理由が述べられているわけではありません。それでも、ゴータマ・ブッダが、在家はわずらわしくて、塵の積もる場所であり、出家は〔わずらいもなく、塵も積もらない〕広々とした場所であると見て出家したことに加えて、患いのある欲望の対象を離れ、安穏〔への道〕を歩もうとして出家したこと、が読みとれると思います。

わたしたちにとって、「出家」は特別な行為のように思われます。しかし、特別な部分に気をとられすぎると、肝心な部分を見誤ってしまいます。出家は目的ではありません。何のために出家するのでしょうか。修行するためであることは明らかです。修行するための環境として、在家よりも出家の方がすぐれていて、出家すればより集中して修行することができるのです。

ある問題に集中したいときには、別の用事を作らないようにして、環境を調えてからとりかかる方がより集中できるということは、わたしたちも経験的に知っています。ただし、それによって成果までもが保証されるわけではありません。

わたしたちの生死に関わる問題を解決するために、古代インドでは出家という存在が社会的に容認されていました。ゴータマ・ブッダはやみくもに出家したのではありません。社会全体が出家者を支える世界観や価値観を共有しており、長い年月をかけて、それを制度として確立してきたといえます。それらが前提条件としてあったからこそ、ゴータマ・ブッダも出家することができたのです。

生死の問題について真剣に悩み、出家までして解決しようとする人はまれです。ほとんどの人はそこまでしません。したがって、すべての人が出家すれば人類は滅ぶ、などということは起こりえません。出家という行為に抵抗がある人が、反対する理由を探すときに思いつくだけです。

出家者は問題を解決するために集中しますから、生産や分配などの世俗的な問題には関わりません。したがって、かれらを経済的に支える在家者が必要です。熱心な在家者はその行為によって尊敬を受け、それが経済活動に反映されることもあります。しかし、多くの一般の在家者にとって、経済的には何のメリットもありません。物質的な利益は何もありません。それでも、精神的なメリットは計り知れず、見返りとしての精神的な利益は充分すぎるほどもたらされます。

スリランカでのお話です。スリランカの人々はよくブッダにお参りします。色とりどりの花や灯明《とうみょう》などを供養して、祈りをささげます。それによって、何らかの功徳《くどく》が得られると考えられているのです。仏教の世界観にもとづく輪廻転生《りんねてんしょう》という考え方が浸透していて、自分は今生《こんじょう》では出家し修行してブッダになるのはかなわないけれど、来世《らいせ》にはいまよりもっとよい境遇に生まれ変わり、そこで苦しみの輪廻の世界から解脱《げだつ》する修行をしたいと思っています。この考え方はスリランカだけでなく、上座《じょうざ》仏教が行なわれている東南アジアの国々に共通に見られます。

よい境遇に生まれ変わるためには、多くの功徳を積まなければなりません。功徳を積み重ねたポイントが多ければ多いほど、来世でよい境遇に生まれ変われると信じられています。したがって、ブッダにお参りして供養する、さまざまな善い行為をするなど、来世のための功徳を積むことが、現世での最大の関心事なのです。

朝も暗いうちから、ブッダに供える花や香などをもって、信者さんたちがお坊さんの朝食を届けにお寺に向かっています。スリランカでは托鉢の習慣はありません。朝食や昼食を布施《ふせ》すること（戒律により、お坊さんは午後からは固形物をとりません）は、信者さんにとってたいへん大きな功徳になるので、喜びと誇りをもって奉仕が行なわれます。

お坊さんに食事の布施をすることはたいへん大きな功徳になるので、その権利？は容易に譲れません。そのほかの奉仕よりも、食事の布施が重視されているのです。田舎の小さなお寺でも、いわゆる檀家《だんか》のようなものが五百軒くらいあるのですが、そのうち食事の布施ができる家は六十軒しかないそうです。

ゴータマ・ブッダと同じ形式の出家はできないし、する必要もありません。しかし、わたしたちの世界観がばらばらコスモロジーからつながりコスモロジーへと成長するためには、瞑想《めいそう》などの修行が必要とされます。何もしなくては、これまで通りばらばらコスモロジーのままで、わたしたちは苦しみや悩みにわずらわされる人生を送るだけです。瞑想などを行なうためには、それにふさわしい環境が必要です。とはいえ、古代のインドや現代の東南アジアの諸国とは前提条件が異なります。現代のわたしたちにかなった環境作りや修行のあり方が工夫されるべきだと思います。

四　目覚め

『スッタニパータ』第三章第二経には、さとりを得る直前のゴータマ・ブッダとナムチ（魔）とのやり取りが描かれています。

ゴータマ・ブッダはネーランジャラー河のほとりで、安穏の境地を得るために瞑想にはげんでいました。そこへナムチが憐れみのことばを口にしながら近づいてきます。

「あなたはやせていて、顔色も悪い。あなたの死は近づいた。あなたが生きられる見込みは千に一つである。生きなさい。生きた方がよい。生きていればこそ、多くの功徳を積むこともできる。〔ヴェーダ学生として〕清らかな行ないをなし、〔家庭にもどって〕聖火に供物《くもつ》をささげる、などの功徳を積むことができるのである。努めはげんで何をしようというのか。努めはげむ道は行きがたく、行ないがたく、達しがたい。」

ゴータマ・ブッダは、そばに立つナムチに、つぎのように答えます。

「怠け者の親族よ。悪い者よ。わたしはそのような功徳はいらない。パーピマント（魔）は功徳による利益を求める人々にこそ語るがよい。

わたしには信念があり、努力があり、また智慧《ちえ》がある。あなたはどうして生命について気づかうのか。身体の肉が落ちるにつれて、こころはますます澄んでくる。わたしの思念と智慧と瞑想はいっそう安定する。このように最大の苦痛を受けているわたしのこころは、もろもろの欲望の対象を望まない。見よ。こころの清らかなことを。

あなたの第一の軍隊は欲望であり、第二の軍隊は不快といわれる。あなたの第三の軍隊は飢渇であり、第四の軍隊は渇愛《かつあい》といわれる。あなたの第五の軍隊はものうさ、眠気であり、第六の軍隊は恐怖といわれる。あなたの第七の軍隊は疑惑であり、第八の軍隊は偽善と強情、利得と名声と尊敬と名誉と、また自己を称賛し他者を軽蔑することである。

ナムチよ。勇者でなければあなたの軍隊にうち勝つことはできない。〔勇者は〕うち勝って楽しみを得る。わたしはけっして退かない。負けて生きながらえるより、戦って死ぬ方を選ぶ。四方を包囲している魔の軍隊にたち向かって戦おう。わたしは智慧によってあなたの軍隊をうち破る。」

「わたしは七年間、尊い方の一挙手一投足を見続けてきた。しかし、まったくつけ入る隙《すき》を見出せなかった。もう嫌になった。つきまとうのを止めよう。」

ナムチは失望して、小脇にかかえた琵琶を落とし、その場で消え去りました。

この場面は「降魔《ごうま》」の伝説として伝えられています。魔は欲情や暴力性の象徴として表現されることもありますが、ここでは、伝統的なバラモン教が提示するコスモロジーおよび慣習に対するしがらみや、ゴータマ・ブッダ自身が形成してきた迷いのこころの奥にひそむ、さまざまな煩悩の象徴として描かれています。

ゴータマ・ブッダは、これらを克服してブッダになったとされています。たしかにその通りなのですが、これだけでは外面的な把握はできても、肝心な部分をうかがい知ることはできません。ゴータマ・ブッダの内面の風景はどうなっていたのでしょうか。わたしたちはむしろ、そちらの方を知りたいと思います。『ウダーナ』という他の経典がありますので、参照して補ってみましょう（『ウダーナ』は「感興のことば」と訳され、『スッタニパータ』と同じように、原始仏教経典のなかでも成立が古い経典の一つとみなされています）。


じつに、熱心に瞑想するバラモン（ここでは、ゴータマ・ブッダのことを指します）に、もろもろのダンマが〔一つにつながった世界のなかで、それぞれつながりあった縁起的な存在として〕現われるとき、かれの疑問は一掃される。〔苦しみには〕原因があるものだ、ということを、かれは知ったのである。

じつに、熱心に瞑想するバラモンに、もろもろのダンマが〔一つにつながった世界のなかで、それぞれつながりあった縁起的な存在として〕現われるとき、かれの疑問は一掃される。〔苦しみの原因を滅したがゆえに、緊密なつながりはないが関係だけはあるという、けっきょくは苦しみをもたらす〕もろもろの因縁《いんねん》（条件づけ）〔の世界〕が消滅したことを、かれは知ったのである。

じつに、熱心に瞑想するバラモンに、もろもろのダンマが〔一つにつながった世界のなかで、それぞれつながりあった縁起的な存在として〕現われるとき、かれはマーラ（魔）の軍隊を粉砕している。〔その様子は〕あたかも太陽が天空に輝きわたるようなものである。（『ウダーナ』一―三ページ）

もろもろのダンマがそれぞれつながりあった縁起的な存在として現われていることを、内面に深く、また「太陽が天空に輝きわたるよう」にありありと鮮明に感得した様子が、さとり体験として描かれています。ここでは、ダンマが複数形で表現されていることに注目したいと思います。ダンマは抽象的な理法や理念として現われているのではないということです。もしそうであれば、ダンマは単数形で表現されていたでしょう。そうではなく、ダンマは具体的な存在として、真理と呼ばれるにふさわしい、一つにつながった世界のなかで、それぞれつながりあった縁起的な存在としてダイナミックに現われているのです。

それゆえ、複数形で表現されているのです。

つながりコスモロジーに目覚めたゴータマ・ブッダには、世界はあらゆるものが一つにつながっている世界として見えています。真理と呼ぶにふさわしい世界として、あらゆるものが真実のあり方で存在しているかのように感じられる世界として見えています。縁起《えんぎ》ということばを使うと、ゴータマ・ブッダにとって、あらゆるものは縁起的な存在として現われている、といえるでしょう。思考で考えて、抽象的な理法や理念としてのダンマを発見したというのではなく、目の前の具体的なあらゆるものが縁起的でダイナミックな存在として感じられた、もろもろのダンマとして現われてきたということです。

ダンマということばには、「真理、理法、義務、教え、要素、もの」などの意味があるとされ、漢訳では「法」と訳されて、仏教全体を通して最も重要なことばの一つになっています。インドでは古来より「行為の規範、正義、法律、宗教」などを意味することばであり、アルタ（実利）、カーマ（愛欲）とともに人生の三大目的（モークシャ（解脱）を加えると四大目的）の一つに数えられています。仏教においても、それにふさわしい意味内容を託されているといえます。

そのような観点からすると、「もの」という意味があることには多少の違和感を覚えます。もちろん、縁起的な存在として現われているダンマを、〔縁起的に存在する〕「もの」として理解するというのであれば、とくに異論はありません。しかし、適切な注釈がつかない「もの」は、本来的な意味ではない、ただの「もの」として解釈される恐れがあるように感じられます。それが違和感の原因かもしれません。

ばらばらコスモロジーに縛られているわたしたちには、世界はただバラバラのものがバラバラに存在している世界として見えています。真理とも真実とも呼べない、何の変哲もない世界として見えています。ばらばらコスモロジーでは、ダンマが縁起的に存在していることが理解できず、ただバラバラに存在する「もの」としてしか受けとれません。ダンマといえども、無意識のうちに〔バラバラに存在する〕「もの」として理解しています。これが、ダンマが本来的な意味ではない「もの」として解釈される端的な例です。同じダンマということばでありながら、異なった「もの」がイメージされているのです。

たとえば想像上で、三次元に住んでいる人が球をイメージして、「丸いもの」というとしましょう。一方、二次元に住んでいる人は、「丸いもの」といわれても球をイメージすることはできず、円をイメージしてしまいます。とはいえ、たとえ球ではなく円をイメージしたとしても、「丸いもの」ということはできます。同じ「丸いもの」ということばでありながら、異なったものがイメージされているといえるでしょう。

縁起的存在として現われているダンマたち、縁起的存在として現われている「もの」たち、バラバラな存在として現われている「もの」たち、バラバラな存在として現われているダンマたち。解釈する人が依拠するコスモロジーや観点の違いによって、さまざまに解釈される可能性があると思います。解釈する人は、自分自身がどのようなコスモロジーに依拠しているのかということに自覚的になる必要があるのではないでしょうか。

五　ラーフラ

ゴータマ・ブッダの生涯ということでいえば、『スッタニパータ』には、これまで紹介してきたような、ゴータマ・ブッダの誕生・出家・目覚め（降魔）にまつわる記述はありますが、それ以外の、たとえば入滅《にゅうめつ》の場面などに関わる記述はありません。とはいえ、以下の二経は、ゴータマ・ブッダの生涯をより深く理解するうえで、きわめて重要な手がかりを提供してくれます。

『スッタニパータ』第二章第十一経は、ゴータマ・ブッダの実子とされるラーフラが経名になっている「ラーフラ経」です。短かい経ですが、出家したラーフラに対するゴータマ・ブッダの想いが凝縮されているかのようです。みずから世俗的な関係を断ち切ったとはいえ、父親としてのゴータマ・ブッダの一面が現われているように感じられます。

〔ゴータマ・ブッダが質問した。〕「いつも一緒に住んでいるので〔慣れ親しんで〕、あなたは賢者を侮っていないだろうか。人々に松明《たいまつ》をかかげる者を、あなたは敬っているか。」（三三五）

〔ラーフラは答えた。〕「いつも一緒に住んでいるからといって、わたしは賢者を侮ることはしません。人々に松明をかかげる方を、わたしは敬っています。」（三三六）

ラーフラは、ゴータマ・ブッダの息子であるという理由だけで、他の未熟な出家修行者からうらやましがられたり、あるいはねたまれたりしたこともあったでしょう。特別な意図もなく行動したつもりでも、相手にとっては別様に映り、嫉妬の対象になることもあります。それはまったくラーフラの責任ではないのですが、そのような状況が起こり得るということに、ふだんから気をつけていなければならないのは確かです。

ゴータマ・ブッダもラーフラとの接し方については、ことさらに気をつけていたのではないでしょうか。特別に扱わないようにしても、そのこと自体がもうふつうの出家修行者とは違う扱いになっています。なによりも、それが修行の妨げになってはなりません。自分は特別だという思い上がった気持ちをラーフラがもつことがないように、というゴータマ・ブッダの思いやりが、ここには表現されていると思います。

このあとに、出家修行者としての心得が説かれます。欲望の対象を捨てて出家し、苦しみを終わらせる者になること、人里離れた所に住み、衣食住に欲をおこさないこと、戒律を守って生活すること、不浄《ふじょう》や無相《むそう》の瞑想を実践すること、そうすれば慢心は滅ぼされて、こころは安らかになるであろう、と説かれます。それらはだれに対しても同じように説かれる内容であり、特別にラーフラだけに向けて説かれた教えではないようにもみえます。しかしおそらくは、文面に現われないところで触れあう、当事者である二人にしかわかり得ないこころの交流があったことでしょう。ただし、それは推測するのみで、本当のところはうかがい知れません。

一つ興味深いのが、「善い友と交われ」（三三八）と説かれている点です。『スッタニパータ』には、第一章第三経で「犀《さい》の角《つの》のようにただ独りで歩め」とくり返し説かれるのを代表として、複数で行動せず、独りで歩むことが勧められています。ところが一方では、同じ経で「優れた友と交われ」（五八）ともいっています。これは矛盾なのではなく、一人ひとりに対応した段階的な教えとして解釈すべきだと思います。ここも、善い友を必要とする段階のラーフラ個人に向けて説かれていると考えるべきでしょう。

他の経典によると、ゴータマ・ブッダはさとりを得たあとで故郷のカピラヴァットゥに帰り、ラーフラはもちろん、父王のスッドーダナや継母のマハーパジャーパティや妻のヤソーダラーと再会しています。家族との再会については話題としてあまり取りあげられませんが、それぞれの思いが重なりあって、感動的な対面であったであろうことは想像にかたくありません。

出家に関しては、「両親も妻子も財産も地位も捨てた」ことがことさらに強調され、かならずしも仏教の本質ではないにもかかわらず、多くの場合、仏教を批判するときの絶好の材料になっています。批判的な観点からは、出家後は家族とまったく会わなかった方が都合がよいのですが、じつは、出家は永遠の別れではなかったのです。もちろん、おたがいの立場は出家前とは異なっています。教えを説く出家修行者という立場と、その教えを聞く在俗信者という立場での再会です。そういう意味では、財産や地位は「捨てた」といえますが、両親や妻子については、「捨てた」という表現は適切ではないと思います。立場や関係のあり方が変わったのだ、と受けとめる方がよいのではないでしょうか。

継母のマハーパジャーパティは、仏教最初の女性出家修行者になったことで知られています。彼女はゴータマ・ブッダの実母であるマーヤー夫人の妹であり、マーヤー夫人の死後に正妃となって、ゴータマ・ブッダを養育しました。ゴータマ・ブッダが出家したときにはたいそう嘆き悲しみ、ゴータマ・ブッダがどのような生活をしているのか、いつも心配していたといわれます。ゴータマ・ブッダがブッダとなってカピラヴァットゥに帰ってきたときは、どんなにか安心し、また誇らしげに思ったことでしょう。

スッドーダナ王が亡くなってまもなく、ゴータマ・ブッダがカピラヴァットゥに滞在していたとき、マハーパジャーパティはゴータマ・ブッダをたずねて出家を願いでます。しかし、三度願って、三度断わられました。それでも彼女はあきらめず、みずから髪を切り、袈裟衣《けさえ》をまとってヴェーサーリーに移ったゴータマ・ブッダを追いかけました。そのときに、シャカ族の女性を五百人ほどもひきつれていたといわれます。慣れない旅で疲れはて、足は腫《は》れて、大声で泣いていた彼女たちを気の毒に思ったアーナンダが取りなしてくれますが、やはり三度願って、三度断わられます。

アーナンダはゴータマ・ブッダにたずねます。「女性でも修行をすれば、さとりは得られますか」と。このとき、ゴータマ・ブッダは「得られるであろう」と答えています。原理的には明白なことだと思います。このような経緯を経て、仏教に女性の出家修行者の集団が成立したといわれています。

『スッタニパータ』第三章第七経には、弟子のサーリプッタに関して、つぎのような記述があります。

〔セーラ・バラモンが質問した。〕「だれが〔あなたの〕将軍なのですか。尊い師の弟子として師に従うのは〔だれ〕ですか。あなたが回したこの真理の輪を、だれが続いて回すのですか。」（五五六）

世尊は答えた。「セーラよ。わたしが回した輪、すなわち無上の真理の輪は、如来（ゴータマ・ブッダを指します）の後を継ぐサーリプッタが続いて回すのである。」（五五七）

サーリプッタはマハーモッガラーナとともに二大弟子と呼ばれ、ゴータマ・ブッダよりも年上でありながら、ゴータマ・ブッダの後継者と考えられていました。ジャイナ教の古い経典には、仏教の代表者として、ゴータマ・ブッダではなく、サーリプッタ・ブッダがとりあげられているほどです。

わたしたちには『般若心経』に登場する舎利子《しゃりし》の方がなじみが深いかもしれません。もともとは懐疑論者であるサンジャヤのもとで修行していましたが、ゴータマ・ブッダに帰依し、その教えに従うようになります。ラーフラはサーリプッタのもとで出家したとされていますから、それだけゴータマ・ブッダに信頼されていたということでしょう。しかし残念ながら、ゴータマ・ブッダよりも早く、病気で亡くなっています。

なお「サーリプッタ経」と題される経が『スッタニパータ』第四章第十六経にあり、人里離れた所で修行するときの心がけが説かれています。これも「ラーフラ経」と同じように、特別にサーリプッタだけに向けた教えではないようにみえます。長い伝承の過程で、しだいに一般化されていったのでしょう。

第六章　戒律・瞑想・智慧

一　戒律・瞑想・智慧の意味

「この青空の感じは、来てみなければわからなかったな。」

スリランカの中心都市であるコロンボの近郊、サマセット・モームがこよなく愛したといわれる、マウント・ラヴィニヤ・ホテル近くの海岸を散策しながら、筆者はこのように思っていました。

帰国してから、この青空の感じを他の人にも味わわせたいと思い、それをことばで表現したり、撮った写真を見せて伝えようとしましたが、なかなかうまくいきません。そのうちに、けっきょくその人が直に味わうしかないのではないかということに気がつきました。「成田からコロンボ行きの飛行機が出ているから、それに乗って行って自分自身で味わってみてください」と指示してあげることが、筆者の目的を達成するための最も適切な方法だったのです。バンコク経由か、シンガポール経由か、あるいは直行便かは問いません。要するに、最終的にコロンボに着く便であればいいのです。船便を利用してもかまいません。人によってはバンコクで道草を食うかもしれません。それは指示を受けた人の側の問題です。

とはいえ、スリランカの青空のすばらしさを何としても味わってみたいと思わなければ、だれも指示に従うことはありません。日本の青空で充分だと思っている人は、わざわざお金と時間をかけて、スリランカまで行きません。そこで二つのことが強調されます。スリランカの青空がとてつもなくすばらしいということと、日本の青空がとてつもなくひどいということです。極端な場合、スリランカの青空が真実で、日本の青空は偽りだということが、まことしやかに論じられるかもしれません。

ことばによる表現や写真は、あくまでも「味わいたい」と思わせる動機づけのために有効な手段なのです。それだけで「味わう」という目的が達成されるわけではありません。仏教的な文脈にひきよせていえば、この動機づけと方法（道、行き方）こそが、ゴータマ・ブッダが人々に教えを説くときに最も苦心し、また工夫した点だと思います。至るべき向こう岸の安らぎのすばらしさが強調されたり、離れるべきこちら岸の苦しみが強調されすぎるようにみえるのも、この観点から理解できます。無用な議論をやめ、余計な道にそれるのを極力避けているようにみえるのも、直行便に近い行き方を指示しているからだと思います。

つねに戒律《かいりつ》をたもち、智慧《ちえ》をもち、よく瞑想《めいそう》を行ない、内省し、よく気をつけている人は、渡りがたい激流を渡る。（一七四）

智慧の力があり、戒律と誓いを身につけ、瞑想を行ない、禅定《ぜんじょう》を楽しみ、気をつけていて、執着から解放され、頑迷さがなく、〔凡夫的な〕汚れのない人、賢者たちはまさしくかれをも聖者であると知る。（二一二）

直行便に近い行き方を指示するために、ゴータマ・ブッダは戒律・瞑想・智慧を重視しています。『スッタニパータ』では、これら三つのおたがいの関連については明確に示されていませんが、のちには段階論的にまとめられるようになります。

戒律とはこのようなものである。瞑想とはこのようなものである。智慧とはこのようなものである。戒律の裏づけのある瞑想は大きな果報をもたらし、大きな功徳《くどく》がある。瞑想の裏づけのある智慧は大きな果報をもたらし、大きな功徳がある。智慧の裏づけのあるこころは、もろもろの〔凡夫的な〕汚れからまったく解放される。すなわち、欲望の汚れ、生存の汚れ、見解の汚れ、無明《むみょう》の汚れから解放されるのである。(『ディーガ・ニカーヤ』二・八一ページ)

わたしたちは戒律ということばを聞くと、決められた規則をひたすら守るという、どちらかというと否定的なイメージをすぐに連想してしまいます。しかし、ゴータマ・ブッダにとっては、あらたまって身構えることなく、ふだんの生活を修行の目的にそって調えるだけでした。だれかに強制されるのではなく、あくまでも自発的に生活が簡素に、また静かになっていきます。

出家修行者にとっては、修行の準備段階としてふさわしい生活の習慣を身につけるという意味合いがあります。目指す目的に一日も早く到達するためには、多少の試行錯誤や紆余曲折はあるにしても、基本的には寄り道したり脇道にそれたりはしません。みずからが抱える問題が深刻であればあるほど、ひたすら目的に向かって邁進《まいしん》するでしょう。目的をしっかりと見定めれば、あえて強制されなくても、おのずと良識的であらざるをえないと思います。

わたしたちにとっては、こうありたいと願う人生にかなう生活の習慣を身につけるという意味合いがあります。人生の目標にそって日常の生活を調えるということです。基本的なあり様としての生活を落ち着かせるのです。たとえば、いらいらしたり、怒ったり、ふてくされたり、悪いことをしていては、目標に向かおうとする気持ちにすらなれないでしょう。生活が落ち着いてくれば、この方向に進んでいこうという意欲が生じてきます。それはだれかに教わるものではなく、自分のなかに自然にわきおこってくるものです。

健全で安定した生活のうえになされる瞑想に意義があるのです。通常の生活が歪《ゆが》んでいれば、それに応じて瞑想も歪みます。たとえば、瞑想をすれば何らかの特殊な体験が得られることもありますが、それが歪んだ生活から形成された「わたし」の体験として把握され誤解されると、体験そのものの特殊さから、自分自身が特殊な存在になったかのような錯覚がもたらされることもあります。修行上の落とし穴として、このような問題が潜んでいることを、あらかじめ理解する必要があるでしょう。瞑想すれば無条件で目的を達成できるというわけではないのです。

ゴータマ・ブッダは瞑想すること自体を目的とはしませんでした。また、瞑想してさとり体験をすること自体も目的ではありませんでした。瞑想によってさとり体験を一度でもすればすべてが解決する、というわけではないからです。さとり体験はたんなる一通過点にすぎません。一度きり、あるいは二、三度の特殊なさとり体験に引きずられることなく、みずからの心身の変化ないし成長、さらにみずからの存在の基盤となっているコスモロジーの変化ないし成長にこそ目を向けるべきです。瞑想をつづけながら、つねに気をつけて、自分のなかに生じる明瞭な、あるいは微妙な差異を感じとり、あせることなく着実に、新しいコスモロジーを身につけていくのです。

苦しみや悩みをもたらすばらばらコスモロジーを身につけると、けっきょく苦しみや悩みがもたらされます。安らぎをもたらすつながりコスモロジーを身につけると、安らぎがもたらされます。苦しみを安らぎに変えることのできる智慧とは、つながりコスモロジーによる世界の見え方そのものです。ばらばらコスモロジーからつながりコスモロジーへと世界観の基盤をシフトしていき、新しい世界の見え方を身につけていく過程こそが、智慧の実践として決定的に重要だと思います。

通常の生活のあり方を正し、瞑想の体験の意味をよく理解して、つながりコスモロジーによる世界の見え方を身につけること、すなわち、戒律・瞑想・智慧のバランスのうえにたって、こころは安らかになり、苦しみから自由になれるのです。言い方を換えれば、生きることが嫌でなく、死ぬことが怖くないので、さわやかに生きて、おだやかに死ぬことができるようになるのです。生活はますます充実し、内側から元気が出て、思わず微笑んでしまうようです。

わたしたちが現在もっている、自己中心性を根本にすえるばらばらコスモロジーという世界観を包みこみながら、世界観の基盤がつながりコスモロジーへとシフトしていきます。一つの全体のなかでそれぞれの存在が融合しつつ緊密なつながりをもつという意味での関係性を根本にすえるつながりコスモロジーへと、わたしたちは人間としてもっと成長していけるのです。

二　在家者の戒律

前節では、ゴータマ・ブッダは戒律・瞑想・智慧を重視していること、そしてそこには戒律から瞑想へ、瞑想から智慧への段階的な成長が想定されているということを述べました。それはあくまでも大きな方向性として考えられるべきことです。戒律が完全になってからでないと瞑想がいっさいできないとか、瞑想が完璧になってからようやく智慧が身につきはじめるというものではありません。

実際には、それぞれの段階でさまざまに行きつ戻りつしながら、内容的にも豊かになってそなわった戒律や瞑想や智慧がたがいに影響を与えあいつつ、全体としておおむねこの方向に向かって成長していくのです。たとえ後退しているようにみえても、撤退さえしなければ、かならず前進しているものです。ばらばらコスモロジーからつながりコスモロジーへの成長という観点からみても、同じことがいえると思います。

修行者個人のなかでは、さまざまな段階やレヴェルが混在しているはずです。したがって、修行者は自分がいまどの地点にいるのかという位置どりを、単純にあるいは正確に確定できるわけではありません。それでも大まかには、自分自身が着実に成長していることは理解できます。より精密に細分化された修行の段階論によれば、大まかではなくほぼ正確に把握できるようですが。

ところで、「あらゆる悪をなさず、〔多くの〕善を行ない、みずからのこころを清らかにすること、これがブッダたちの教えである」（『ダンマパダ』一八三）と説かれることがあります。しかし、この部分だけを取りあげて示されても、わたしたちには、何をすれば善であり、何をすれば悪なのかという絶対的な基準がないので、何をどうすればよいのか困ってしまいます。善とはいっても自己中心的な善もあり、慈善的にみえながら偽善的であったりもするからです。悪とはいっても必要悪と呼ばれる悪もあり、他者の役に立つ悪もあるからです。

わたしたちはこのような相対的な善悪しか想像できないので、善と悪のはざまに立って揺れ動きながら右往左往しています。こう考えれば善だし、こう考えれば悪となるので、どちらとも決めかねる、あるいはどちらの行動も取りかねる、というのがわたしたちの現実の姿ではないでしょうか。善悪の基準というものは時代や地域によって変わるので、絶対的な基準にはなりえない、と思っているからです。極端な例をあげると、人を殺すことが英雄的な行為として讃えられることもあれば、単なる殺人罪になることもあります。

それでも、わたしたちは、相対的ではあっても、善いことをするように、そして悪いことをしないようにと教えられてきました。おたがいが健全な社会生活をいとなむためには大切なことであり、その方がよい人生につながるであろうという思いは、多くの人々に共有されています。社会的な通念といってもよいでしょう。

したがって、「悪をなさず善を行なうことがブッダたちの教えである」ということばは、そのまま道徳的な処世訓として受けとられてしまう恐れがあります。ブッダたちの教えが、相対的な善悪で迷っているわたしたちと同じレヴェルで理解されかねません。逆に、ブッダという権威によって道徳を絶対化しようとしているのだ、と悪意で解釈する人もいるかもしれません。

仏教を道徳的な処世訓として理解してしまうと、その本質を見誤ることになります。もちろん、ゴータマ・ブッダの教えがこの部分だけでいい尽くされているわけではありません。全体的な文脈のなかに位置づけて理解しなければならないことはいうまでもありません。ここでの誤解を避けるためには、「これはブッダたちの教え〔の一部〕である」という注釈ないし補いが必要です。道徳的な意味で戒律を守り、生活を調えることは、あくまでも瞑想を行なうための準備段階であり、こころが健全で安定した状態に調えられたうえで行なわれる瞑想に意義があるということは、前にも述べたとおりです。

『スッタニパータ』には、わたしたちと立場を同じくする在家の信者たちに対する教えも説かれています。在家者には善悪の指針が説かれます。絶対的な権威をもつブッダが説くことなので、絶対的な基準になります。それらを受けいれれば、善と悪のはざまで迷うことはありません。ただし、ブッダがそこまで絶対的な権威となっていない人にとっては、若干の違和感があるでしょう。

(1)生き物を殺してはならない。(2)与えられないものを取ってはならない。(3)嘘をついてはならない。(4)酒を飲んではならない。(5)不浄な性行為をしてはならない。(6)夜に

〔も昼にも〕不適切な時間に食事をしてはならない。芳香を用いてはならない。（四〇〇）

(7)花飾りを身につけてはならない。芳香を用いてはならない。(8)地上に敷いた寝床に寝なければならない。これを八項目のウポーサタ（斎戒《さいかい》）と呼ぶ。苦しみを終わらせたブッダによって示されたものである。（四〇一）

『スッタニパータ』第一章第六経や第二章第二経には、在家の人間としてするべきでない行為が列挙されています。「怠け者で、怒ること。父母を養わないこと。財産があるのに分け与えないこと。女におぼれ、酒にひたり、賭博《とばく》にふけること。生き物を殺すこと。盗みや嘘をつくこと。他人の妻に近づくこと。欲望の対象に抑制がきかないこと。粗野にして高慢なこと。陰口をいい、無慈悲で、友を裏切ること」などなど。

『スッタニパータ』第二章第四経には、在家の人間としてするべき行為が説かれています。それは「最高の幸せ」と呼ばれます。「尊敬すべき人々を尊敬すること。正しい誓いをたてること。学識や技術を身につけ、ことば遣いがよいこと。父母に仕え、妻子を守ること。布施をすること、および非難を受けない行為。悪を離れ、飲酒を慎み、徳行を積むこと。尊敬と謙遜、満足と感謝、教えを聞くこと。聖なる真実を見て、安らぎを感得すること。世俗のことがらに触れてもこころが動揺せず、憂いなく、安穏であること」などなど。

相対的であれ、絶対的であれ、道徳的な行為自体は否定されるべきではないと思います。これらの指針にかなう行為をしている人は社会的にはりっぱな人であり、尊敬されるべき人です。おそらく善人として、よい人生を送ることはできるでしょう。しかし、そのことと、わたしたちの生や死の根底にひそむ不条理感や虚無感、ないし恐怖や不安を払拭《ふっしょく》することとは、まったく次元を異にする話です。そうであるからこそ、わたしたちが戒律の段階を超えて成長することに意味があるのです。

在家者には戒律に関する教えだけが説かれています。在家者には瞑想や智慧は期待されていない、といっても過言ではありません。安らぎを感得することが「最高の幸せ」と説かれてもいますが、原理的には可能であっても、「在家者は、世を離れて林のなかで瞑想する出家修行者・聖者に及ばない」（二二一）と説かれているように、当時の在家者には至難のわざと考えられていたようです。

在家者にとっても、「怠ることなく務めをはたす在家者は、〔死後〕自光〔天〕という名の神々のもとにおもむく」（四〇四）といわれるように、死後、よりよい世界に生まれ変わることが最大の関心事のようです。もちろん、地獄に生まれ変わることだけは何としてもも避けなければなりません。そのために日頃から功徳を積み重ねるのです。

筆者はこれまで、『スッタニパータ』における在家者に対する教えをほとんど取りあげませんでした。なぜなら、おもに戒律を守り、生活を調えることだけに焦点があたっているようだからです。たとえ在家者であっても、瞑想や智慧の段階に進めば、ゴータマ・ブッダの思想の醍醐味《だいごみ》を味わうことができる、というのが筆者の立場です。ゴータマ・ブッダの思想は、社会人としてりっぱな人になるための思想ではありません。人間として、そこからさらに成長するための思想なのです。

三　出家者の戒律

『スッタニパータ』には、在家者の生活の習慣（戒律）に関する教えよりも、出家修行者の生活の習慣に関わる教えの方がより多く説かれています。そもそもゴータマ・ブッダ自身が出家修行者であり、弟子たちはみな、出家修行者としてのゴータマ・ブッダが歩んできた道を自分自身でも進んでいきたいと思っていたのですから、『スッタニパータ』が当時の状況をそのまま反映しているとすれば、当然の結果のような気がします。

出家修行者の生活の習慣は在家者の生活の習慣と比べると、はるかに厳しく規制されているように思われるかもしれません。しかし、日常の生活を修行のためにふさわしく調えるという観点にたつと、わたしたちが想像するほどの厳しさではないはずです。目的があって出家するわけですから、規制とは感じないでしょう。もっとも、時間が経ち、その意味づけが変化することによって、しだいにわたしたちが抱く戒律ということばのイメージに近くなっていったようですが。

『スッタニパータ』第二章第十一経には、以前にも紹介したように、実子ラーフラに対して、出家修行者の心得が説かれています。「欲望の対象を捨てて出家し、苦しみを終わらせる者になること。人里離れた所に住み、衣食住に欲をおこさないこと。戒律を守って生活すること。不浄や無相の瞑想を実践すること」などがその内容です。

『スッタニパータ』第四章第十六経には、サーリプッタに対して、人里離れた所に住む出家修行者の心構えが説かれています。「虻や蚋や蛇、獣や盗賊を恐れることなく、病いや飢え、寒さや暑さを耐え忍び、盗みをせず、嘘をつかず、慈悲をもって接し、怒りや慢心を克服し、衣食住を気にせず、村で罵られても暴言を返さず、瞑想に専念し、欲〔望〕を抑制しなさい」と。

二つの教えを比べてみると、明らかにレヴェルの違う内容になっています。ラーフラに対する教えは概要程度の、いわば入門者用であり、サーリプッタに対する教えは具体的な内容をともなった、いわば上級者用にみえます。いずれも一つひとつの項目を取りだしてみると、だれにでも当てはまる一般的な内容であり、入門者用あるいは上級者用のマニュアルのようなもので、特別にラーフラやサーリプッタだけにあてて説いたものではないように思われます。しかし、説かれた内容の全体をみてみると、その時の二人の境地を推しはかっているようでもあり、二人の段階に応じて、他でもないラーフラやサーリプッタだけにあてて説いたのかもしれないとも思わせます。

この他にも、『スッタニパータ』第二章第十経には、「平安を得るために、怠ることなく努力すること」が説かれます。第三章第三経には、「真理を語り、真理でないことを語らないこと。自分も他人も傷つけない、好ましいことばを語ること」が説かれます。第四章第七経には、「情欲におぼれることなく、独りで修行にはげむこと」が説かれます。いずれも、弟子たちのその時々の境地や段階に応じて必要な教えだったのであろうと推察されます。

人には各々その時々の段階というものがあります。ラーフラもこの段階で終わったのではなく、サーリプッタのように成長していったのだと思われます。サーリプッタにしても、最初からこのような教えを受ける段階にいたわけではなく、やはりラーフラのような入門者としての段階もあったはずです。かつて通った道、これから通る道という違いはありながら、それぞれの段階で適切な指導を受けていたように思います。

わたしたちにも成長の段階があります。すでに通った道なのか、いまだ通っていない道なのか、自分自身の段階をわきまえながら、目的に向かって直行便に近い行き方を選択していくべきだと思います。なぜなら、人生には限りがあるからです。ただし、直行便とはいっても、自分なりの直行便があるはずです。他人には寄り道のように見えることもあるかもしれません。しかし、最終的にどのコースにするかを決めるのは自分自身です。その気になれば、人生のどの時点でも軌道修正できます。行き方は生き方でもあるのです。

どのような生き方にするかを選択するときには、自分が人間として精神的に成長するために何ができるかを考えるべきです。自分なりの境地や段階に応じて実践していけばよいのです。そのうちに、何をしたいかということと、何をすべきかということが一致するようになれば、直行便に近い感じになるでしょう。

生活を調えることは、修行を円滑に進めるための前提となるものであり、最終的な目的ではありません。説かれた一つひとつの項目にこだわりすぎて、それを完璧になしとげようとすれば、そのことだけで一生を費やしてしまいかねません。また、教えを完全にこなさないと次の段階に進めないというものでもありません。修行の妨げになっているかどうかということが、一つの判断基準になるのではないかと思います。

さて、ゴータマ・ブッダおよび出家修行者の一日の生活は、実際にはどのようなものだったのでしょうか。それをうかがわせる記述があるので、一日の時間の流れにそって見ていきましょう。

それから夜が明けたころ、村の隅に行きなさい。〔食事に〕招待されても、また村から〔食物を〕もってこられても、喜んではならない。（七一〇）

聖者は、村に着いてから、急いで家々を〔托鉢して〕回ってはならない。食を求める話をせず、ほのめかすことばを発してはならない。（七一一）

村にあっては、罵られても、拝まれても、同じ態度をとりなさい。〔罵られたときには〕こころの怒りを抑え、〔拝まれたときには〕平静で、こころ高ぶらずにいなさい。（七〇二）

かれは鉢を手にして歩き、口が利《き》けないかのように思われる。施物《せもつ》が少ないからといって軽んじてはならない。施してくれる人を侮ってはならない。（七一三）

「〔施物を〕何でも得られたのはよかった」「得られなかった〔のも〕よかった」と、いずれの場合にもまさしくそのようであり、ただ樹〔のもと〕に帰ってくる。（七一二）

聖者は托鉢が終わってから、林の隅におもむきなさい。樹の根元に近づいて、座につきなさい。（七〇八）

ひたすら瞑想に専念し、林の隅で楽しみなさい。みずからを満足させながら、樹の根元で瞑想しなさい。（七〇九）

もしもかれが、弟子あるいは他の人、あるいは出家修行者と語るのであれば、すぐれた真理を語りなさい。陰口や他人を誹謗することばを口にしてはならない。（三八九）

おそらく定住するまえの生活でしょう。僧院ができて定住をはじめてからも、原則的には同じような生活をしていたと思われます。托鉢と瞑想と睡眠、それだけで一日が過ぎていくようです。生活を調えて瞑想することに専念したのです。充実した一日にできるかどうかは、ひとえに出家修行者一人ひとりの意思に任せられています。

もちろん、托鉢と瞑想と睡眠のあいだに、戒律や瞑想や智慧に関わる話をする時間が設けられていたであろうことは推測できます。原始仏教経典のなかに残されているゴータマ・ブッダと弟子たちとの対話は、このような機会に行なわれたのだと思われます。切実で真剣なやり取りが交わされていた様子は、経典を読むとよく伝わってきます。

生活が調ってから、瞑想がはじまります。ラーフラに対する教えをみても、サーリプッタに対する教えをみても、出家修行者の一日をみても、いずれも瞑想に専念するということが重要視されているのが理解できると思います。

四　瞑　想

ゴータマ・ブッダは瞑想をして目覚めた人、ブッダになったといわれています。前にもみたように、ゴータマ・ブッダがはじめて目覚める場面を伝える原始仏教経典には、瞑想が重要な役割をはたしているような記述があります。また、仏教国であればかならず、瞑想するゴータマ・ブッダ像が信仰の対象になっていることもあって、仏教の実践といえば、まず第一に瞑想というイメージがあります。ちなみに、ゴータマ・ブッダが題目《だいもく》や念仏《ねんぶつ》や真言《しんごん》を唱えたという記述は、原始仏教経典にはありません。

ゴータマ・ブッダは瞑想をして目覚めたのですが、その瞑想が現在の日本の禅宗《ぜんしゅう》のお寺で行なわれている瞑想と同じ瞑想であるかどうかは定かではありません。その他の仏教国で行なわれている種々の瞑想も同じように確かなことはいえません。もちろん、外形的にはよく似ています。ゴータマ・ブッダが内面的にどのような作業をしていたのかまでは、確実には知られないという意味です。

わたしたちにとって重要なのは、ゴータマ・ブッダがどのような瞑想を行なったかをつきとめることではなく（現実にはできないことです）、目覚めの本質を見極め、また目覚めを智慧へとつなげていくために、目覚めと瞑想との関係を理解することです。そしてできれば、みずからも実践することです。目覚めおよび智慧とは、特別な能力をもっている一部の人々の独占物ではなく、こころをもつ存在であれば、わたしたちのような凡夫であっても、だれでもが実現できるものです。しかし、何もしなくてはけっして得られることのないものでもあります。

当時のインドでは、バラモンだけでなく、シラマナ（沙門《しゃもん》、努力する人）と呼ばれる自由思想家たちが、人生の難問を解決するために、世俗を離れて、道を求めていました。シラマナの一人として出家したゴータマ・ブッダも、瞑想と苦行《くぎょう》をみずから試したといわれます。ただし、ゴータマ・ブッダが試した瞑想は、瞑想することによってある特定のこころの状態（境地《きょうち》）を実現することそのものが目的であったように思われます。瞑想至上主義といってもよいでしょう。

瞑想至上主義は現代においても見られます。たとえば主客未分の状態を実現することそのものを目的とする瞑想とか、仏にまみえる状態を実現することそのものを目的とする瞑想とか、さらには瞑想することそのものを目的とする瞑想などです。伝承によると、ゴータマ・ブッダは「所有するものは何もない」という境地と「想うこともなく、想わないこともない」という境地を学び、容易に実現したといわれます。

しかし、それらの瞑想の境地を実現することによっては、ゴータマ・ブッダが抱える問題は解決にいたりませんでした。あとで考えれば当然のように思われます。単純に目指すべき目的が違っていたということではないでしょうか。たとえば百メートルを十秒で走ることを目的とした人がその目的を達成したからといって、人生の問題が解決するわけでもありません。その人はその後も何度も目的を達成できるでしょう。しかし、その目的を何度くり返し達成したとしても、ただそれだけのことで、人生の問題は依然として解決されないままです。

瞑想の場合はこの例ほど単純ではなく、特殊な体験をともなうことがあり、それは一時的とはいえ、人生の難問が解決したかのように思わせるほどの感動をもたらすので、特殊な体験をすることそのものが目的のように勘違いされるのだと思います。また、特殊な体験とはいっても、しばらくすると消えてしまうものなので、くり返し同じ体験をしようとして、それが目的となってしまうのではないかとも思われます。ゴータマ・ブッダはみずからの目的を明確にもっていたので、特殊な体験に惑わされなかったのでしょう。

とはいえ、瞑想と苦行に専心しながらも、みずからが抱える問題の解決に向けてまったく光明を見出せない絶望的な状況で、ゴータマ・ブッダはあらためて原点にたちかえり、そもそも苦しみはなぜ生じるのかを考察しました。そして、それは世界の見え方の問題、わたしたちの認識のあり方の問題であることに気づいたのです。ゴータマ・ブッダの気づきには、瞑想と苦行を試して得られた体験がヒントとなり、活かされていたことは充分に想像できます。

わたしたちがものごころついたときにはすでに、バラバラに孤立した自己を形成する力（サンカーラ）がさまざまにはたらいて、自己と自己以外のものを分離する認識のあり方ができあがってしまっています。それ以外の認識のあり方を知らないうちは、それだけが唯一の認識のあり方であると思いこみ、何の疑いももちません。しかし、あたりまえと思っていた認識のあり方にこそ、苦しみを生じさせる原因があったのです。ゴータマ・ブッダは、自己と自己以外のものを分離させてしまっている認識のあり方を転換させるための実践修行の方法として、ある特定の境地を体験することそのものを目的とはしない瞑想、すなわち瞑想至上主義ではない瞑想を採用しました。

ゴータマ・ブッダの目的は、バラバラに孤立した自己を根源として生じる苦しみを消滅させることでした。そのためには、バラバラの見方をさせる認識のあり方を、つながりの見方をさせる認識のあり方へと転換させなければなりません。智慧という意味では、わたしたちの世界観をばらばらコスモロジーからつながりコスモロジーへと統合していかなければなりません。瞑想はこの目的にいたるための一つの有効な方法です。ゴータマ・ブッダは唱えなかったものの、題目や念仏や真言なども、瞑想と同じ効果をもたらすように工夫され編み出された方法だといえます。

ゴータマ・ブッダが行なった瞑想がどのようであったのかはわかりませんが、その成果や効果の一部がどのようであるのかはわかります。

そのことを河川〔の譬え〕によって理解しなさい。峡谷や谷間の渓流は音をたてて流れるが、大河は静かに流れる。（七二〇）

およそ満ち足りていないものは音をたてるが、満ち足りたものは静かなままである。愚者は〔水が〕半分入った瓶《かめ》のようであり、賢者は〔水を〕満々とたたえた湖のようである。（七二一）

ふつうの人でも瞑想を続けると、こころが静まり、五感が鋭くなります。それまでの生活がいかに騒がしかったかということがよくわかります。たとえきれいな海でも、水をかきまわすと水の底は見えなくなります。しかし、やがて静かになると、水が澄んで水の底がよく見えてくるようなものです。表層の意識レヴェルでは、思考のざわめきや感情のうごめきが静かになっています。深層の意識レヴェルでは、バラバラに孤立した自己を形成するサンカーラのはたらきが静まりかえっています。

瞑想をしていると、それまでの常識では対応できない体験をすることがあります。そのときには、常識を優先させて、みずからの体験を否定ないし合理化するか、みずからの体験を優先させて、常識の方を修正ないし拡大するか、少なからず混乱がおきます。混乱はおこって当然です。混乱を恐れるのではなく、瞑想をくり返しながら、体験の意味を理解して、混乱をゆるやかに収束させていくことが大切です。スリランカをはじめとして、筆者がお世話になった東南アジア諸国の瞑想センターでは、瞑想のあとにかならず、そのときの瞑想でこころのなかに起こったことについて質問できる時間をとってくれていました。安心して混乱を収めさせるための工夫だと思います。

瞑想をすると、副産物として思いもしない能力が身につくこともあります。病気を直したり、未来を占う能力などです。善意で人のために使うのはよいことだと思われがちですが、ゴータマ・ブッダはそれを使うのを禁じています（三六〇、九二七）。慢心におちいらないようにという戒めと同時に、目指すべき目的を見失わないようにという、ゴータマ・ブッダの配慮だと思います。

五　智慧

自分自身をそのなかに含みながら、分けられることなく一つの全体としてつながりあい影響しあって存在している宇《う》（空間）と宙《ちゅう》（時間）が、瞑想によって調えられ静まったわたしたちのこころに現われるとき、その深い洞察から、揺るぎない明瞭な理解がもたらされます。「わたしはかれであり、あなたはかれであり、あなたはわたしであり、わたしたちはみな同じ」なのです。

「かれらはわたしのようであり、わたしはかれらのようである」と、自分自身になぞらえて、〔生き物を〕殺してはならない。〔他人をして〕殺させてはならない。（七〇五）

「自分自身になぞらえる」ために、わたしたち自身をふりかえってみると、きっと生きたいと願い、殺されることを望んでいないことがわかります。生き物である自分がそうなのであるから、同じ生き物であれば同じように生きたいと願い、殺されることを望んでいないであろう、と推測されます。その結果、生き物を殺してはならない、他人をして殺させてはならない、という理性的な思考による判断が下され、倫理的な行動の規制が行なわれるでしょう。

現実に行なえるかどうかは別にして、倫理的な規範としては、わたしたちでも容易に理解できるし、容易に行動できるような気にもさせます。ただし、気がついているかどうかは別にして、その前提となっているのは、自分自身とかれらとは別々でバラバラである、という認識のあり方です。現状でわたしたちが「自分自身になぞらえる」と、ばらばらコスモロジーの色あいが濃くなってしまいます。なぜなら、わたしたちはそれをほとんど唯一のコスモロジーとして教育され、受けいれてきたからです。みんながそうなので、それ以外のものを容易に想像できないのです。

「かれらはわたしのようであり、わたしはかれらのようである」といわれるのも、わたしたちはばらばらコスモロジーの観点からしか解釈できません。そこで、少しいいかえてみることにしましょう。「かれらはわたしと同じようであり、わたしはかれらと同じようである」。あるいは、「かれらはわたしと同じであり、わたしはかれらと同じである」ともいえます。もっと踏みこめば、「かれらはわたしであり、わたしはかれらである」といってもよいでしょう。つながりコスモロジーの色あいが濃くなり、わたしたちにはしだいに理解しがたくなります。

つながりコスモロジーと同調させれば、「自分自身になぞらえる」というのも多少ニュアンスが変わってきます。ばらばらコスモロジーの意識レヴェルで考えて、生き物を殺してはいけないというのではなく、リアルな感覚で、生き物を殺すことは自分自身を殺すことになるのです。つながりコスモロジーの意識レヴェルで「自分自身になぞらえて」、生き物を殺してはならない、他人をして殺させてはならない、といっているのです。

解釈する人の立場によって、ニュアンスは変わってくるものです。微妙なニュアンスの違いが、ばらばらコスモロジーとつながりコスモロジーとの違いともいえるでしょう。同じ詩をつぎのように訳すこともできます。

「かれらはわたしであり、わたしはかれらである」、〔このように生き物は〕自分自身であるのだから、〔生き物を〕殺してはならない。〔他人をして〕殺させてはならない。（七〇五）

「かれらはわたしであり、わたしはかれらである」のですから、自分と他者を比べることはありません。比べることがないので、どちらが優れているとか、等しいとか、劣っているとかを考えることがありません。

かれは〔ばらばらコスモロジー的な価値観に〕超然としている。つねに気をつけていて、世間において〔自分は他人と比べて〕等しいと考えない。優れているとも、劣っているとも〔考え〕ない。かれには〔比べることによる思いが〕増すことがない。（八五五）

聖者は貪りを離れ、物惜しみせず、〔自分は他人と比べて〕優れているといわない。

等しいとも、劣っているとも〔いわ〕ない。かれは〔ばらばらコスモロジーの分離的な認識による〕分別《ふんべつ》をしない者であり、分別におもむかない。（八六〇）

わたしたちは自分を他者と比べては、さまざまな悩みや苦しみを作りだしています。もともとなかった悩みや苦しみを、わざわざみずから作りだし、そのうえ大事に抱えこんでいます。しかし、そもそも比べることがないのであれば、そのような悩みや苦しみは生じようがないといえます。問題解決へのヒントがここにあります。

また全世界に対して限りのない慈悲のこころを起こせ。上にも、下にも、また横にも、障りなく恨みなく、敵意のない〔こころを起こせ〕。（一五〇）

立っていても、歩いていても、すわっていても、横になっていても、眠らないでいるかぎりは、この〔慈悲の〕念いをしっかりと保て。これをここで崇高な状態という。（一五一）

他者の喜びは自分の喜びであり、他者の悲しみは自分の悲しみです。慈悲のこころは、いわれて起こってくるものではありません。いわれるまでもなく、自然にわき起こってきます。程度の差はあるにしても、そのこと自体は出家などという特殊な形式に縛られるものではなく、普遍的に人間性の根底に根ざすものです。すなわち、わたしたちの身にも起こり得るということです。

ただし、そうはいっても、他者の悲しみを自分の悲しみとしてひき受けるのが、あまりにも荷が重すぎて耐えられないという場合もあります。目覚めの体験にともなう病理ともいうべき事態におちいることもあるのです。それは、あるべきように、こちらの準備がまだできていないということです。そのときは、「世界を一人で背負うようなことなどしないで」、自分自身の器量を省察し、あせることなく無理をせず、一歩一歩ゆっくりと、態勢を調えなおせばよいと思います。

さて、ゴータマ・ブッダが目覚める場面を伝える経典には、「はじめて目覚めた」という表現があります。はじめてということは、二回目、三回目の目覚めの体験があるということです。長い間この意味がわからず、疑問に思っていました。なぜ「はじめて」なのだろう、一度目覚めればそれでよいのではないか、それを何度も体験することに何の意味があるのだろうか、と。

これらの疑問の背景には、一度の体験ですべてが変わる、といった根拠のない幻想があります。また、「さとり」「ブッダ」といったことばに幻惑され、とてつもない奇跡を期待して、幻想のなかで妄想をふくらませていたところもあります。要するに、みずからは何も実践しないで、幻想にもとづく思考のみによって、「目覚め」というものを理解しようとしていたのです。

ゴータマ・ブッダは、目覚めの体験をすることそのものを目的とはしませんでした。認識のあり方の枠をひろげ、みずからの世界観をばらばらコスモロジーからつながりコスモロジーへと統合していくこと、それと同時に苦しみを解決して安らぎを実現することが目的でした。そのためには、一度きりの体験ではなく、目覚めの体験を何度もくり返し、洞察を深めながら徐々に成長していくことが求められます。このことを智慧の実践と呼びます。

区別された個人でありながら、それがそのまま区別のない全体である、という一見矛盾していると思われる関係が、実際にはまったく矛盾なく成立しています。矛盾としか思えない現在のわたしたちの認識のあり方は、もっと広がりと深みをもてるのです。

第七章　ばらばらコスモロジーから
つながりコスモロジーへ

一　一つの宇宙

現代科学の標準的な仮説では、わたしたちの宇宙は約一三七億年前に始まった、ということになっています。最初はきわめて小さな一つのエネルギーのかたまりであったそうです。それが大爆発（ビッグ・バン）を起こして膨張を始め、現在もなお膨張をつづけています。ジョージ・ガモフという科学者が一九四八年に提唱したビッグ・バン仮説です。かつて一つのエネルギーのかたまりであった宇宙は、いまでも同じ一つの宇宙として膨張しつづけているはずです。

この仮説によると、一つのエネルギーのかたまりのなかに、現在の宇宙のすべてが凝縮されていたことになります。あなたもわたしも、動物も植物も、地球も月も、太陽も銀河の星々も、もともと同じ一つのエネルギーのかたまりであったということです。ところが、もともと同じだったものが一三七億年経って、いまではさまざまに形が変わっているので、わたしたちにはそれぞれがはじめから違うものであったかのように見えています。同じものである、とはとてもいえません。

しかし、もともと同じだったものは、形を変えてもやはり同じといえるのではないでしょうか。たとえば、同じ粘土で作られた皿とコップが、外見は違うように見えても、同じ粘土でできているといわれるように。宇宙に存在するものはすべてはじめから「同じ」であり、いまでも「一つ」であるといえると思います。「かれらはわたしであり、わたしはかれらである」（七〇五）といわれるとおりです。

宇宙が始まってからまもなくして、最も基本的な原子である水素原子が誕生します。このときにできた水素原子は、いまでも宇宙の物質の九〇％以上を占めているといわれます。また、水素原子の原子核をつくっている陽子の寿命はたいへん長く、現在までの宇宙の年齢をはるかに上まわるそうです。

ここで思い出していただきたいのは、わたしたちの身体の七〇％は水（H_2O）でできているということです。おそらく、わたしたちの身体のなかには、宇宙が始まったときにできた陽子たちがまだ生きつづけていると思われます。もしも陽子に記憶があるとすれば、宇宙一三七億年の歴史のすべては、わたしたちの身体に刻みこまれているはずです。

一つのエネルギーのかたまりから水素が生まれ、水素ガスの星々が生まれ、銀河が生まれ、太陽系が生まれ、地球が生まれ、そこに生命が生まれ、植物や動物が生まれ、人類が生まれ、わたしたちの祖先が生まれ、そしてわたしたちが生まれました。このような言い方にはとくに何の違和感も感じないと思います。違和感がないほど慣れ親しんでいるということでしょう。

しかし、この言い方には、宇宙と切り離されたところで、宇宙とは別に「わたし」が生まれたかのような事実の誤認をひき起こしかねない恐れがあります。現にわたしたちは、宇宙とは一切関わりなく、「わたし」は「わたし」だけで生まれ、ずっと変わらずに生きつづけられるかのような錯覚をもたされてしまっています。それはばらばらコスモロジーの根本にあって、わたしたちの意識の奥底にぬぐいがたく染みこんでいます。

試しに言い方を変えてみると、宇宙が自分のなかにわたしたちを生みだした、ということもできます。慣れていないので違和感はありますが、こちらの方が事実に近い表現であるように思われます。わたしたちは、宇宙と切り離されたところで、また宇宙とは別に生まれてはいないのですから。

このような観点から、あらためてみずからの出自をふり返ってみましょう。いわれるまでもなく、わたしたちは直接的には両親の子です。しかし同時に、わたしたちは宇宙の子である、ともいえるのではないでしょうか。あるいは、星のかけらから作られた星の子といえるかもしれません。そうであれば、わたしたちのご先祖さまは星であり、宇宙である、ともいえるでしょう。ここには、単にロマンティックで詩的な表現にすぎない、として簡単には片づけられないリアルさが感じられます。

宇宙はいまから二千五百年前にゴータマ・ブッダを生みだしました。さきほど、陽子に記憶があれば、ということを述べました。現実的に考えてみましょう。たとえば、かつてゴータマ・ブッダの身体を構成していた陽子たちは、ゴータマ・ブッダが亡くなって身体が壊れたあとは〔いったん宇宙にもどり〕、ふたたび新たに形をとって何かを構成しているはずです。それを何度も何度もはてしなくくり返しているはずです。その陽子たちが、ゴータマ・ブッダの死後二千五百年経って、現代に生きるわたしたちの身体の一部を構成しているとしても、何ら不思議なことではないと思います。

陽子たちは宇宙が始まって以来、さまざまに形をとって何かの一部となってきました。地球ができてからも、数えきれないほど多くの生命体、動植物、さらには人類の身体をも、くり返し構成してきたはずです。それを輪廻《りんね》と呼ぶのであれば、わたしたちはだれもが過去の人々の一部の生まれ変わりといってもよいのではないでしょうか。特別の人だけが特別な人に生まれ変わるというのではなく、すべての人にその可能性があると思います。過去だけではありません。現在についても未来についても同じことがいえます。だれもがだれかの一部なのです。

ここで言及されている宇宙とは、夜空を見上げて思うような、わたしたちの向こう側にわたしたちとは別に存在するかのごとき暗黒の物質的な宇宙ではありません。わたしたち自身をも含んでいる宇宙を指します。ということは、わたしたちには生命がありますから、宇宙にも生命があるということです。わたしたちにはこころがありますから、宇宙にもこころがあるということです。一つのエネルギーのかたまりであった宇宙が、いまは物質も生命もこころももつようになっているということです。

宇宙はエネルギーを基礎としながら、ただのエネルギーには還元できない新しい性質をもった物質を生みだし、エネルギーと物質を基礎としながら、ただのエネルギーと物質には還元できない新しい性質をもった生命を生みだし、エネルギーと物質と生命を基礎としながら、ただのエネルギーと物質と生命には還元できない新しい性質をもったこころを生みだしてきたのです。

単純なものから複雑なものへと進化しているように見える宇宙の歴史を、「宇宙の自己組織化」と呼ぶ科学者もいます。新しい部分を自己の内部に作りだしながらも、それがけっして分離せず、まとまりのある一つの組織として統合されているというのです。同じものがそのまま同じものとしてありつづけるのではなく、同じもののなかから新たに違いを生んでいくことが、進化をうながす原動力になっているということです。違いにも意味があるのです。違うけれども同じ、という一見矛盾していると思われる関係が、ここでも矛盾なく成立しています。

わたしたちは、たとえば種子が芽を出し、葉を出し、花を咲かせることを成長と呼びます。幼児がことばを覚えて自我意識を身につけていく過程を成長と呼びます。そのような成長という観点から見ると、これまでの宇宙の歴史は宇宙自身の成長の過程といえます。そして、わたしたち人類の存在は宇宙一三七億年の成長の歴史の最先端に位置しているといえます。エネルギーをもち、物質であり、生命体でもあり、こころをもって生まれたということ自体が、宇宙一三七億年の成長を背負っているということなのです。

筆者は、宇宙一三七億年の成長を背負っているわたしたちの存在には宇宙的な価値があると思います。それは同時に、わたしたち一人ひとりには、この宇宙の成長を未来に向けてどのように方向づけるかという責任もあるということです。それはおのずと、わたしたち自身がどのような人生を送るか（どのように生き、どのように死ぬか）という問題と深く関わっています。なぜなら、宇宙はわたしたちとつながって「一つ」だからです。

二　近代科学から現代科学へ

わたしたちは、バラバラに孤立した「わたし」がまずあって、それから世界が「わたし」とは別に存在するかのように思っています。しかも、世界は「わたし」独りだけのために存在しているかのようです。このように自己と世界を分離して把握する認識のあり方は、時代や地域を問わず、程度の差はあっても、人間であればかならずといってよいほど、成長するにつれて自然に身についてくるものです。

わたしたちの場合、あらゆるものをバラバラにして物質に還元する近代科学の要素還元主義の影響で、その傾向はより強固になっています。それはあまりにあたりまえに身についてくるものなので、気がつくことはほとんどありません。気づかないまま、いつのまにか、わたしたちの基本的なものの見方、世界観、人間観、価値観の根底にすえつけられています。まるで最初から備えついていたかのようです。

わたしたちは人生のさまざまな場面で、とくに予期しない困難な状況におちいったときに、自分自身の実存的で切実な問いに出合います。「わたし」はどこから来たのか、「わたし」は何者か、「わたし」はどこへ行くのか、「わたし」はどのように生きて死ねばよいのか、「わたし」はどのようにすれば幸せになれるのか、そもそも「わたし」の人生に意味はあるのか、などなど。

このような問いにしても、ごく自然であたりまえに発せられる問いのように思われがちです。しかし、じつは問いが発せられる前提には、さきに述べたような、自分を含めて世界はバラバラであるという認識のあり方があります。このことには、よほど注意していないと気がつきません。気づかないまま、前提に従って導きだされた答えを得て（あるいは答えを得られずに）、虚無主義と個人主義の餌食にされてはいないでしょうか。

現代科学の知見は、そのような認識のあり方による自己と世界の把握は事実の誤認にもとづくものである、ということを教えてくれます。事実としては、「一つ」につながりあった宇宙がまずあって、それからさまざまに形を変えながらも宇宙であることには変わりのないわたしたちの存在があります。宇宙とは別にわたしたちが存在するのではありません。わたしたちは個人であると同時に宇宙そのものでもあるのです。ここでもまた、一見矛盾していると思われる関係が矛盾なく成立しています。

事実の誤認にもとづく認識のあり方は、事実にもとづく認識のあり方へと変えていくべきでしょう。前提となる認識のあり方が変われば、実存的な問いそのものも変わらざるをえません。問いが発せられる前提が変わるのですから、同じ問いは発せられないかもしれません。新たな問いが発せられる、あるいは発すべき問いがなくなる、ということもありえます。仮に発すべき問いがなくなってしまえば、たとえ答えは得られなくても、問題は解決したも同然です。

わたしたちは「宇宙の子」であり、「星の子」であると教えてくれたのは、宗教家ではなく、詩人でもなく、じつはまぎれもない科学者です。仮説から導きだされているとはいえ、科学的で合理的な思考を教育されているわたしたちにとって、認めざるをえないほどの説得力をもっているのではないでしょうか。近代科学という成長の段階をのり超えてはじめて到達できた知見であると思います。

宇宙がまずあってそれからわたしたちが存在する、および、わたしたちは個人であると同時に宇宙そのものである、ということを表現するために、「宇宙がわたしししている」といわれることがあります。同じように、そのなかの生命を強調して、「生命がわたししている」ともいわれます。もっと抽象的に「存在がわたししている」ともいわれます。いずれも耳慣れない言い回しです。それでも、これらのことばの響きからは、できるだけ実態に即した表現に近づけようという工夫とともに、認識のあり方を変えようという意思をうかがい知ることができます。

一方で、「わたしたちは生かされている」という耳慣れた言い回しがあります。だれ一人として自分独りだけでは生きてはいないこと、わたしたちを超えた何かのはたらきがあることの実感のこもった表現です。このように感じ表現することで、わたしたちは頭を垂れ、謙虚にならざるをえません。このことばからもまた、認識のあり方を変えようという意思を汲みとることができると思います。

ただし、わたしたちを生かしている何かとはいったい何か、という点が気になるところです。多くの場合、何かが特定された時点で、それはわたしたちとも宇宙とも切り離されて、別々に存在するものになってしまう恐れがあります。何かを特定せず、あいまいにしたままというのは、すぐれて巧妙な対処の仕方であるように思われます。

さて、筆者は、現代科学はゴータマ・ブッダとまったく同じことをいっているというつもりはありません。ゴータマ・ブッダが科学的で合理的な人だったというつもりもありません。その代わりに、現代科学が提示するコスモロジーは、あらゆる存在はつながって「一つ」である、というゴータマ・ブッダが提示する智慧に関して、物質的な領域で根拠を与えてくれると考えます。ただし、物質的な領域で根拠が得られたからといって、それがそのままこれまでの認識のあり方を変えることに直接的につながるかというと、そうは単純にはいきません。

近代科学は自己と世界をバラバラに把握する認識のあり方をただ強固にしただけです。同じように、現代科学は強固になったものを柔軟にすることしかできません。自己の成長にともなって自然に身につけてきただけに根深く植えつけられている認識のあり方を変えるためには、わたしたち自身が精神的な領域において、それも精神の内面において、なおいっそう成長しなくてはならないと思います。

近代科学から現代科学への進展が物質的な領域での成長であるとすれば、精神的な領域でも同等のレヴェルの進展があってもよいのではないでしょうか。物質的な領域ではすでに成長済みなので、精神的な領域でも同等のレヴェルまで成長できるのではないかという意味です。わたしたちは物質的な領域と精神的な領域とをあわせて、全体としてさらなる成長の段階へと進むべきである、という方向性を読みとるべきだと思います。

孤立した「わたし」を作りだして、それに過剰に執着することから生じる苦しみを消滅させ、より質の高い喜びである安らぎをもたらすためには、瞑想によって認識のあり方を変える必要があります（実際には、認識のあり方の枠をひろげて統合していきます）。ゴータマ・ブッダの思想の核心と、わたしたちの精神の内面における成長とが呼応するところです。ゴータマ・ブッダが示した、目覚めの体験をくり返して洞察を深める智慧の実践は、認識のあり方の枠をひろげ統合して精神の内面の成長をうながすための方法として、大いに見直されるべきだと思います。

かれ（ゴータマ・ブッダ）は勝つ者であり、負けない者である。かれは〔他者からの〕伝聞ではなく、〔自分で〕感得した真理を見たのである。（九三四）

ゴータマ〔・ブッダ〕の教えよりも以前に、これらの人々は「〔過去は〕こうであった」「〔未来は〕こうなるであろう」と説き明かしてくれました。〔しかし、〕それはすべて伝聞にすぎず、憶測を重ねる〔だけの〕ものでした。（一一三五＝一〇八四）

現代科学の知見は大きな根拠ではありますが、役割はあくまでも間接的で補助的です。物質的な領域における成果を外面的に理解するだけでは、わたしたちの精神の内面を変えるには不充分だということです。瞑想を行ない、智慧を実践して、みずから感得した真理によってこそ、自己の精神の内面に変容をおこすことができるといえるでしょう。

三　成長という観点

ばらばらコスモロジーからつながりコスモロジーへと、わたしたちは成長する可能性がある、もしくは成長する方向で進んでいる、このことが、ほかでもないゴータマ・ブッダの思想の核心、すなわち、苦しみから安らぎへ、まよいからさとりへ、眠りから目覚めへ、という方向性と合致することをみてきました。これに関連して、『スッタニパータ』には、つぎのように記されています。

安らぎに達するために、また苦しみを終わらせるために、ブッダが説くおだやかなことば、それこそが最上のことばである。（四五四）

かれら（出家修行者たち）は怠ることなくみずから励み、わたしの教えを実践している。〔あなた（ナムチ、魔）は〕望まないであろうが、そこへ行けば悲しむことのないところに、かれらはおもむくであろう。（四四五）

たとえば〔身体に〕ひろがった蛇の毒を薬草で〔抑える〕ように、わき起こった怒りを抑える出家修行者は、〔段階の〕低いこの岸を捨てる。あたかも蛇が〔脱皮して〕古くなったこれまでの皮を捨てるようなものである。（一）

少しアレンジしてみます。ゴータマ・ブッダは、人々が苦しみを終わらせて安らぎを得られるように教えを説きました。その教えを実践する人々は、悲しみのあるところから悲しみのないところへと行くことができます。それを譬えるならば、蛇が脱皮して、古くなったこれまでの皮を捨てるようなものです。筆者の側にひき寄せてつけ加えると、ゴータマ・ブッダ自身が蛇が脱皮するように成長し、古くなったこれまでのコスモロジーを新しいコスモロジーに統合して、悲しみをのり超え、苦しみを終わらせて安らぎを得たことはいうまでもないことです。

『スッタニパータ』には、「激流を渡る」、「彼岸に達する」という表現も現われてきます。「激流」とは、煩悩であったり、欲望であったり、生存であったり、見解であったり、無知であったり、輪廻であったりと、さまざまな解釈があります。「彼岸」はそれらを克服したという意味で用いられます。

このぬかるみ、難路、輪廻、迷妄をのり超え、渡りおわって彼岸に達し、瞑想し、動揺なく、疑いなく、執着がなくて、こころ安らかな人、こういう人を、わたしはバラモンと呼ぶ。（六三八）

〔あなたが〕知っているヴェーダに精通したバラモンが、所有するものがなく、欲望の対象や生存に執着しないのであれば、かれはたしかにこの激流を渡ったのである。かれは彼岸に達してこだわりなく、疑うこともない。（一〇五九）

激流を渡る、彼岸に達する、という表現では、「成長」という意味あいは薄らぎます。むしろ「到達」という意味あいが濃くなります。到達することそのものが目的であれば、そこがゴールであり、ひたすら到達することだけが目指されるようになります。その後のことなど考える必要はありません。とくに目的がさとり〔体験〕や目覚め〔体験〕であるということになると、さとり体験や目覚め体験を一度でもしさえすれば、それで目的に到達したと受けとられる恐れがあります。ゴータマ・ブッダが目指したものは、はたしてそのようなものだったのでしょうか。明らかに違うと思います。

ゴータマ・ブッダは出家してすぐに、アーラーラ・カーラーマとウッダカ・ラーマプッタの二人に瞑想を学んだといわれます。ほどなくしてかれらの教える究極の境地に到達したものの、それによってはみずからが抱える問題の解決につながらないと判断して、かれらのもとを去ります。ゴータマ・ブッダは、ある境地に到達することのみを目的とする瞑想至上主義、およびある境地に到達したという体験のみを目的とする体験至上主義をここでのり超えたとされます。

この出来事が歴史的な事実であるかどうかはわかりません。しかし、伝承する側に、ゴータマ・ブッダは瞑想至上主義や体験至上主義をのり超えた、ということを伝えようとする意図がはたらいているのは否定できないでしょう。伝承によると、ゴータマ・ブッダはこの後に苦行を試し、苦行も問題の解決につながらないと判断します。それから再び瞑想に取り組み、さとり体験をしますが、瞑想至上主義や体験至上主義におちいらずに、安らぎにつながる洞察を深めていきます。この体験と洞察の過程をくり返し何度もくぐることによって、ゴータマ・ブッダは古い段階のコスモロジーを新しい段階のコスモロジーへと統合することができたのだと思います。筆者はこれを「成長」と捉えているのです。

『スッタニパータ』に現われる「到達」的な表現は、伝えるべき内容を充分に伝えきれていないのではないでしょうか。現在でも、到達という意味で仏教の究極を理解する人々が多くいることを考えると、表現上の問題というより解釈上の問題かもしれません。体験があるかないかだけをことさらにあげつらうのは、いかにも料簡《りょうけん》が狭いように思われます。さとり体験や目覚め体験を前面に押しだすと、どうしても瞑想至上主義ないし体験至上主義的な傾向が強まります。また同じように、到達や達成を強調すると、さとりや目覚めや安らぎの意味が矮小化されてしまうように思います。

　戒律を守って生活を調え、瞑想を行なってある境地に到達する、ないしはある境地を体験する、このことはあくまでも一時的なさとり体験ないし目覚め体験として考えるべきです。智慧は単なる結果ではありません。これまでの人生に苦しみをもたらしてきたコスモロジーではなく、これからの人生に安らぎをもたらすであろうコスモロジーを構築するための基礎となるものの見え方です。一歩一歩、慎重かつ着実に積み重ねて、確かなものにしていかなければなりません。筆者は、さとり体験や目覚め体験を何度もくり返し、その意味をよく洞察することによって、これまでのコスモロジーの中心軸を移行させ、新しいコスモロジーへと統合していくことを智慧の実践と考えます。

じつに〔段階が〕高いあるいは低い、種々の〔修行〕道がサマナ（ここでは、ゴータマ・ブッダのことを指します）によって明かされた。彼岸に二度行くことはないが、これが一度で〔達せられる〕とも考えられない。（七一四）

ゴータマ・ブッダはブッダになってからもずっと、一生をかけて戒律・瞑想・智慧の実践を行なっていました。ということは、一度や数度の体験ですべてが終わったとは考えていなかったのではないでしょうか。一度や数度の体験よりも大切なことがあります。それは、その後の人生をいかにさわやかに生きて、いかにおだやかに死ぬかということです。ゴータマ・ブッダが最も重視したのは、そのための基盤となるコスモロジーを、みずからにしっかりと確立することであったと思います。

ゴータマ・ブッダは二千五百年前にすでにそこまで成長をとげていた先駆者である、と捉えることができると思います。ゴータマ・ブッダは特別な存在です。筆者も意図的ではありませんが、特別な存在のように記せざるをえないところがあります。いかにもつながりコスモロジーの究極を体現しているかのように表現しています。とはいいながら、その反面では、ゴータマ・ブッダを特別な存在のように扱い、それにともなって、究極とはいえある一定の枠をはめてしまうことを申し訳なく思っています。実際には、わたしたちが想像するよりもっと先へと成長をとげていたのかもしれないからです。

それがどのようなものであったのかは、わたしたちはいまの段階では考えなくてもいいと思います。それは現在のわたしたちの課題ではありません。ばらばらコスモロジーをわずかなりとも変化させ、いま現在みずからが作っている不安や苦しみや悩みが少しでも楽になって、人生をさわやかに生きられれば、わたしたちにとってはそれで充分だと思います。はるか先のことをいまから心配することはないでしょう。

四　苦しみから安らぎへ

ゴータマ・ブッダは、苦しみから安らぎへ、という方向性を示しています。それを詳しくいえば、苦しみを滅して安らぎを得る、ということです。ゴータマ・ブッダは、苦しみを自覚した人が苦しみを消滅させて安らぎを得られれば、それで充分であると考えました。むしろ、それこそが目的なのでした。「成長」という観点はとくに顕著ではありません。筆者が「成長」という観点をいうのは、わたしたち自身が理解しやすいようにと考えてのことです。

「苦しみを滅する」ということについて、苦しみとともに人生そのものが滅してしまうのではないかと心配する人々がいます。苦しみが滅したあとの人生がどのようになるのかがイメージできないからです。安らぎといわれても実感はありません。苦しみ〔や楽しみがあって成立していたこれまで〕の人生を否定され、それに代わる人生の展望は開けないという状況です。そこで、自分の立場を守ろうとして、つぎのように反発します。

自分たちの人生には苦しみもあれば楽しみもある、悲しみもあれば喜びもある、それらがあっての人生である、苦しみや悲しみがなくなれば、楽しみや喜びもなくなるであろう、ゴータマ・ブッダのいうようにすると、人間的な感情がなくなってしまうのではないか、これでは人生とは呼べないのではないか、と。要するに、苦しみを滅する必要はないし、安らぎも必要ない、これまで通りの人生で結構だ、というわけです。

ゴータマ・ブッダないし仏教のいう「苦しみ」を自覚していないことから生じる誤解はしかたありません。問題は、たとえ自覚していたとしても、将来の展望を含めて、みずからの人生の全体像についてイメージしにくい、と考える人々が多いということです。このような点を少しでも解消できれば、ゴータマ・ブッダないし仏教の思想についての理解はいっそう深まると思います。

そのまえに、さきほどの人間的な感情ということについて考えてみましょう。たとえば野球ではふつう、投手が三振をとれば勝ちで喜び、ホームランを打たれれば負けで悲しみます。ところが、かつての松坂投手とイチロー選手との勝負を見ていると、三振であろうとホームランであろうと、結果はどうでもよくて、その時その時の対戦自体を喜びとしていることがわかります。この喜びは三振かホームランかで一喜一憂するレヴェルとは異なる喜びです。

同じように、人生には苦しみもあれば楽しみもある、というときの楽しみとはレヴェルを異にする楽しみがあります。反発する人々が考える人間的な感情とは異なりますが、これも同じ人間のもつ感情です。これまでの人間的な感情は薄まるかもしれませんが、新しい段階の質の高い人間的な感情をもつようになるのです。これを成長と考えます。それぞれの成長段階における楽しみを否定するものではありません。ただし、前の段階にとどまっていては、先の段階の楽しみは見えません。先の段階にいたれば、両方の楽しみが見えてきます。

さて、話をもとにもどします。わたしたちの社会においては、子どもから大人になる過程で、社会の一員として生活するために、他者と区別された「わたし」を形成するのはあたりまえで、それが欠けると一人前の大人として認められません。したがって、わたしたちは、「わたし」を形成することはよいことであり、「わたし」が形成されないことの方が問題である、と考えます。むしろ健全な「わたし」を形成することは、健全な社会生活を営むうえで必要かつ不可欠です。

筆者も、「わたし」を形成することには相応の理由があり、「わたし」は必然的に形成されざるをえない、と考えます。しかし、その一方で、わたしたちの世界の見え方や認識のあり方が気づかないうちに「わたし」中心になっていることも確かです。ふつうだから何の問題もないと思っているよりずっと根深い「わたし」への過剰な執着によって、わたしたちは死の恐れや孤立感をより強く実感させられています。このように焦点の当て方によって分かれる評価を、両者ともに意義あるものとするために有効なのが、「成長」という観点からの考察であると思います。

わたしたちのこころは、「わたし」を形成する以前の段階を始まりとして、徐々に「わたし」を形成して一人前の大人の段階へと成長していく、と考えられています。わたしたちが現在もっている「わたし以前→わたし」という成長の枠組みです。しかし、「わたし」を形成する段階は同時に、仏教的な意味の苦しみをもたらす段階でもあります。「苦しみ以前→苦しみ」とも表現できるでしょう。それを自覚したうえで、わたしたちは苦しみを滅してより質の高い喜びである安らぎを得るように成長できる、と考えるのが、仏教がいう「苦しみ→安らぎ」という枠組みです。苦しみがあるかぎりは成長の頂点とは呼べず、もっと成長の可能性があると考えるのです。ブッダになるということも、成長の一段階として捉えられています。

これらを合体させると、人間のこころの成長のプロセスを「苦しみ以前→苦しみ→安らぎ」という、より大きな枠組みで設定することができます。このように考えれば、苦しみをもたらす段階も妥当性のある成長のプロセスとして肯定的に見ることができます。わたしたちは苦しみ以前の段階から苦しみの段階へと成長してきたのです。わたしたちの現状を全面的に否定することなく、妥当性のあるところは認めながら、さらに現在の段階を超えて成長していくと考える方が、人間のこころの成長の全体を一貫して見られるように思われます。また、わたしたちの現実的な感覚にも合致すると思います。

大きな枠組みは、「まよい以前→まよい→さとり」「眠り以前→眠り→目覚め」「凡夫以前→凡夫→ブッダ」「コスモロジー以前→ばらばらコスモロジー→つながりコスモロジー」とも表現できるでしょう。「わたし」を形成して一人前の大人になるのは、わたしたちのように無条件で肯定するべきものでも、また仏教のように無下に否定するべきものでもありません。「成長」という観点からは、それだけではまだ充分に成長しきれていない段階であると考えられます。

わたしたちは自己を確立したり自己を実現することで、一人前の大人として成熟の域に達すると思っていますが、それだけではまだ未熟なのです。なぜなら、苦しみを解決できていないからです。わたしたちが苦しみの段階にとどまっているのは、その不充分さや未熟さに気がつかないからなのではないでしょうか。わたしたちは、わたしたちが現在成長の最高点と思っている自己確立や自己実現の段階を超えて成長できるのです。

本書の第二章第五節では、横断歩道の渡り方で成長のあり方を譬えています。わたしたちは大きくなるにしたがって、段階的に渡り方を変えています。新しい段階にいたれば、それ以前の渡り方はすべてできるけれど、あえて採用せず、新しい渡り方で渡るようになります。これが成長です。前の段階をすべて含みつつ超えているのです。成長は「上書き」ではなく、前の段階は否定されつつ保存されています。ただ新しい段階が優先的に採用されるので、前の段階はなくなったかのように見えるかもしれません。

苦しみは滅しても、人生までもが滅するわけではありません。ましてや自分自身は滅するはずもありません。そこでは、新たな段階へと成長した自分自身および人生が待ちうけています。心配することはありません。新たに統合された自分自身として、つながりコスモロジーを身につけ、きっとさわやかに生きていけます。わたしたちは、苦しみ以前の段階から苦しみへと成長してきたように、苦しみの段階から安らぎへと成長していくのです。

五　自我から超我へ

人間のこころの成長のプロセスについて、「苦しみ以前→苦しみ→安らぎ」という大きな枠組みを設定しました。これを「わたし」＝自我にあてはめてみると、「自我以前＝未我↓自我↓無我」となるであろうことが予想されます。本節では、このうちの「無我」について考えてみます。わたしたちのばらばらコスモロジーに照らして文字通りに解釈すると、無我とは「我がない」ことです。

「未我↓自我↓無我」という大きな枠組みが予想されるにもかかわらず、わたしたちは「わたし」＝自我に関して、「わたし以前↓わたし」すなわち「未我↓自我」という成長の枠組みしかもっていません。自我がない段階から自我の段階へという成長の道筋があり、自己の確立ないし自己の実現がわたしたちの成長の頂点である、と思っています。この「未我↓自我」という枠組みから、さらに成長した無我＝「我がない」という段階を考えようとしても、いまだ自我が形成されていないという意味で「我がない」未我の段階しか思い浮かびません。選択肢が他にないので、無我＝我がない＝未我と解釈せざるをえません。

仏教は基本的に大人に対して教えを説きます。したがって、仏教の無我とは、未我の段階から自我の段階にいたった大人に対して、再び未我の段階へと戻ることを説いているかのようにみえます。「未我↓自我↓無我」という成長のプロセスが「未我↓自我↓未我」とみえてしまうのです。ところが、未我の「自分がなく」て「理性がない」という特質は、一般的にも未熟な状態と思われています。せっかく理性を獲得して自我の段階まで成長してきたのに、なぜもとの未熟な未我に戻らなければならないのでしょうか。仏教は成長ではなく、退行をすすめているのでしょうか。真意が理解できません。

理解できないので代案を考えます。これは無我を未我と置き換えたのがいけなかったのであって、そうではなく、未我を無我と置き換えればよいのではないか、と。すなわち「未我→自我→無我」を「無我→自我→無我」とするのです。「赤子のようになるのが無我の境地である」「わたしたちはもともと悟っている」という仏教者もいます。また、未我の「すなお」で「邪心がない」という特質は、一般的にも美徳として認められています。わたしたちは未我の段階から自我の段階へと成長してきたように思っていますが、それはまちがいで、もともと悟っていた無我の段階から自我の段階へと堕落してきていたのです。堕落した自我の段階からもともとの姿である無我の段階へと戻るべく成長していくのだ、と考えるのです。

仮に未我がじつは無我であり、それが仏教の究極の境地であるのならば、赤ちゃんや理性のない者が最も尊敬に値する者となり、自我をもち理性のある一人前の大人が最も評価の低い者になります。わたしたちは究極の状態で生まれてきて、徐々に成長ではなく堕落して大人になり、それからまた究極の状態へと成長して戻っていくということを仏教は説いているのでしょうか。わたしたちの良識は、これもおかしいと判断します。

けっきょく、「未我→自我」という枠組みから想像する、無我＝我がない＝未我という解釈そのものがおかしいのではないでしょうか。あわせて、「未我→自我」という枠組みの限界も示していると思います。

仏教では本来、「自我→無我」という成長の枠組みを想定していたはずです。それは「苦しみ→安らぎ」「まよい→さとり」「眠り→目覚め」と同じ方向性のはずです。したがって、「無我」は目覚めて安らぎを得る、という意味と同じでなければなりません。筆者にひき寄せれば、ばらばらコスモロジーの自我がつながりコスモロジーの無我にならなければなりません。これまで述べてきたように、一人ぼっちで孤立していた自我が、あらゆるものとつながりあっている無我になるということです。

「苦しみ→安らぎ」などの枠組みから言及される無我は、単純に「我がない」という状態だけを含意しているのではありません。前の段階の自我がなくなった〔ようにみえる〕ので、その意味で無我＝「我がない」としているだけでは、ものごとの半分しか表現できていません。もう半分、すなわち新しい段階の我のあり方を表現できていないと思います。新しい段階を含めた表現としては、残念ながら、無我ということばはふさわしくないと思います。誤解を生じる可能性が高いし、現実に誤解を生んできました。それは現在のわたしたち自身の無我についての理解をふり返ってみれば明らかだと思います。

それでは、どのように表現すればよいのでしょうか。成長や発達と同じ意味で用いられる「超越」ということばがあります。その「超」を借りて「超我《ちょうが》」としてはどうでしょうか、というのが筆者の提案です。超越とは、成長と同じように、前の段階を否定的に保存しつつ、新しい段階へと進んでいくことをいいます。「自我→超我」へと成長していくと考えるのです。大きな枠組みも、「未我→自我→超我」とすると、我のあり方の成長のプロセスが充分に伝わるのではないでしょうか。無我＝自我がなくなった〔ようにみえるが、我は新しい段階へと成長している〕＝超我とみるのです。

「未我→自我→超我」という大きな枠組みは、わたしたちの「未我→自我」も、仏教の「自我→無我」もともに満足させてくれます。わたしたちは退行するのでも堕落するのでもなく、未我の段階から自我の段階を経て、超我の段階へと成長するのです。この超我に相当するものが仏教で無我と呼ばれてきた境地にほかなりません。「未我→自我」という成長の枠組みしかないと、無我＝未我と捉えるしかありません。「未我→自我→超我」という大きな枠組みで考えると、無我は未我でなく、超我に相当することがはっきりします。

とはいえ、未我と無我が混同されてきたように、未我と超我が混同される恐れはまだ残っています。未我も超我も〔無我も〕、自我ではないという意味では共通しています。また、自我の分離・孤立感とは異なり、融合・一体感があるという意味でも共通しています。これらの紛らわしい共通点のせいで、未我も超我も〔無我も〕同じ〔ような〕ものにみえてしまうのです。結果として、未我と無我が混同されてきたし、依然として、未我と超我が混同される恐れがあります。

ここで、融合・一体感について考えてみましょう。たしかに未我の段階でも融合・一体感はあります。しかし、それはいわば物質的な融合・一体感であり、理性はまだ現われていません。超我の段階は自我の段階を経ていますから、理性を含んだ全心身的な融合・一体感であるといえます。融合・一体感という同じことばで表現されていますが、内容はまったく異なります。この理性を獲得しているか否かの違いを明確にしないので区別ができなくなり、本来、超我であるべき仏教の無我が未我であるかのように誤解されてしまうのではないかと思います。

(1)「超我」ということばを採用すること、(2)そのうえで「未我→自我→超我」という大きな枠組みを設定すること、(3)さらに理性を獲得しているか否か、この三点に注意すれば、これまで無我について生じていた誤解はなくなると思います。

同じような誤解は、「無《む》分別《ふんべつ》」に関しても見受けられます。同じ原理で生じている誤解なので、同じ要領で解決できます。現在のわたしたちの枠組みは「分別以前＝未分別→分別」です。仏教の枠組みは「分別→無分別」です。これを単純に合体して「未分別→分別

↓無分別」とするのではなく、「未分別↓分別↓超分別」という大きな枠組みにすればよいのです。無分別ではなく「超分別」と表現した方が、無我と同じような誤解を生じないし、仏教の真意をそのまま理解できると思います。

ゴータマ・ブッダは、ここで論じている意味での無我は説いていません。それについては別に論じていますので（『ゴータマ・ブッダの仏教』春秋社、二〇〇三年）、興味のある方は参照してみてください。

こころのあり方の究極としての無我は、現在のわたしたちの仏教理解の根幹にあるものです。それほど重要であるにもかかわらず正当に理解されていない現状をみて、その原因と解決策を示してみました。無我をこころのあり方の究極としてきた趣旨は理解できますが、用語の選択その他に問題があり、思わぬ誤解を招いてきたように思われます。

六　未と超の混同

未我と超我（無我）、また未分別と超分別（無分別）が混同されやすい、ということを指摘しました。同じように、「苦しみ以前↓苦しみ↓安らぎ」「まよい以前↓まよい↓さとり」「眠り以前→眠り→目覚め」という大きな枠組みにおいても、苦しみ以前と安らぎ、まよい以前とさとり、眠り以前と目覚め、とが混同される恐れがあります。

混同されるにいたる原理はまったく同じです。たとえば、苦しみ以前と安らぎはいずれも苦しみではないという点で共通しています。両方とも苦しみを感じない段階です。したがって、苦しみを滅して安らぎを得る、というときに、苦しみ以前が安らぎのように見えて誤解されてしまうことがあるのです。

たしかに、苦しみ以前は苦しみではありません。しかし、これは理性が現われる以前の段階であり、理性以前の無知によって保護されている状態です。そのために苦しみを感じなくてすんでいるだけです。いずれ成長して理性が現われれば、かならず苦しみを感じるようになります。一方で、安らぎも苦しみではありません。しかし、すでに理性が現われています。その理性を超越して得られる安らぎは、苦しみ以前の段階の苦しみがない状態とは明確に異なります。

誤解を解決するための要領もまったく同じです。わたしたちがもっている「苦しみ以前→苦しみ」という限定された枠組みだけから安らぎを見るのではなく、「苦しみ以前→苦しみ→安らぎ」という大きな枠組みのもとで捉えられるようにならなければなりません。また、理性を獲得しているか否かの違いをしっかり見極める必要があります。これらの点に注意すれば、まよい以前がさとりに見えたり、眠り以前が目覚めに見えたり、凡夫以前がブッダに見えたり、コスモロジー以前がつながりコスモロジーに見えて誤解するという事態は解消できます。さまざまな混同が整理されて誤解が解決できれば、仏教が目指すものがより明確になると思います。

清浄なる勝者であり、〔煩悩の〕覆いを開いて、もろもろの教えを究めつくし、彼岸に達して動揺なく、〔バラバラな自己を〕形成〔する〕力を滅する智慧に通じた者は、正しく世の中を遍歴するであろう。（三七二）

〔バラバラな自己を〕形成〔する〕力（サンカーラ）は、わたしたちが未我の段階から自我の段階へと成長する過程でおもにはたらき、わたしたちは知らず知らずのうちにばらばらコスモロジーを身につけていきます。気がついたときには、すでにばらばらコスモロジーにどっぷり浸《つ》かっています。そうして、意識して考えることもなく、それが唯一正しいコスモロジーであると決めつけ、みずからを狭い領域に縛りつけてしまっています。いったん人間形成の土台にしみこんだ条件づけ、あるいは束縛に気づくのは容易ではありません。まして、それが原因となって苦しみが生じているなどとは思いもよらないでしょう。

ヤッカ（夜叉《やしゃ》）よ、聞け。それ（煩悩《ぼんのう》）がどのような因縁〔で生じる〕かを知る人々は、それを除き去る。かれらは再び〔まよいの〕生存を受けないように、渡りがたく、かつて渡ったことのないこの激流を渡るのである。（一一七三）

わたしたちを煩わせ悩ませる煩悩は自分自身を原因として生じる、というのがこの場合の因縁です。自分自身というのは、ばらばらコスモロジーを身につけた自分自身を指します。サンカーラによって、バラバラな「わたし」という意識をすでに形成した自分自身です。そうであれば、そのような〔バラバラな自己を〕形成〔する〕力を滅する智慧に通じることが、煩悩を除き去ることにつながると考えられます。

これに対しても、ばらばらコスモロジーの自分自身を形成することによって煩悩が生じるのであるから、ばらばらコスモロジーの自分自身を形成しなければよいのではないか、煩悩を除き去る、あるいは〔バラバラな自己を〕形成〔する〕力を滅する、というのはそのような意味であろう、と解釈される恐れがあります。コスモロジー以前や自我を形成する以前の未我こそが、ここで目標として示されている境地なのではないか、と誤解される可能性があるということです。

くり返しますが、理性を獲得してバラバラな「わたし」を形成することは、わたしたちの成長にとって不可欠なことです。ゴータマ・ブッダが解決しようとした苦しみも、ばらばらコスモロジーの段階へと成長したからこそ生じてくる苦しみです。わたしたちは理性を獲得して、バラバラな「わたし」を形成せざるをえません。それにともなって、苦しみも生じざるをえないといえます。ゴータマ・ブッダはその苦しみを解決しました。それは、コスモロジー以前や未我へと退行することによって実現されるものではなく、つながりコスモロジーや超我（無我）の段階へと成長することによって実現されるものです。

『スッタニパータ』だけでなく、原始仏教経典全体を通していえることですが、苦しみや苦しみを滅することが極端なほど強調される一方で、苦しみを滅した後はどうなるのか、ということについては詳しい説明がありません。成長という観点があまり見受けられないことともあわせて、経典そのものに誤解を生みだす潜在的な可能性があったといえます。苦しみの渦中にあれば、苦しみが滅してくれさえすればよいので、苦しみが滅した後は安らぎが得られるという説明で充分だったのでしょうか。あるいは、すぐれた指導者がモデルとして身近にいたので、誤解は生じなかったということなのでしょうか。いずれにしても、他者に説明したり、時代を経て伝承されるときに、誤解が生じる可能性が表面化し、現代にいたるまで、誤解されるままになっているように思われます。

ところで、最近はバラバラなりにも健全な「わたし」が形成されにくい状況があります。いじめがまん延し、現実のきびしい競争に身をさらしながら育てられた世代は、それぞれがまずは自分を守るための壁を分厚く塗りかため、閉ざされた自分だけの世界を作りがちです。人間関係において、周囲の標的にならないように愛想笑いをしながら、できるかぎりの善い人を演じています。周りに合わせて演じてばかりいるので、自分が本当は何がしたくて、何がしたくないのかがよくわからなくなります。自分が何を感じているのかもわかりません。自分が何者なのかが見失われてしまうのです。

他者はだれも信用しません。信用すると裏切られたときに傷ついてしまうし、傷つきたくないので、だれも信用しないのです。他者から攻撃されないよう、傷つけられないように用心します。わずかでも弱みを見せないために、少しだけ強く見せかけます。強さが目立ってしまうと絶好の標的にされるので、細心の注意を払います。平静をよそおいながら、内心は怖くてたまりません。こわごわと手を出し、傷つけないかわりに傷つけられない距離でつきあいます。さびしいけれど、自分が自分らしく生きていくためには仕方ないと考えます。楽しそうでもなく、幸せそうにも見えません。

他者を信用しない割には孤立することを極度に恐れ、だれかとつながっていたいという気持ちを強くもっています。形成した「わたし」が弱いといってもよいのかもしれません。病気になったり、社会生活をうまく営めない人が多くなっているようです。超我どころか、未我の無知による保護へと退行してしまいかねません。苦しみに耐えかねて、苦しみ以前に逃げこもうとするのです。そこで苦しみがなくなったように感じられれば、それが安らぎに見えてしまうかもしれません。

未我は超我（無我）ではない、ということをよく理解したうえで、退行してはいけないこと、弱いなりにもしっかりした「わたし」を形成しなければならないことを胸に刻まなければなりません。それにともなって苦しみは生じてくるけれども、苦しみは超我（無我）へとさらに成長していくことによって解決するのです。きびしいようですが、これがゴータマ・ブッダが指し示す方向です。ただし、健全な「わたし」をどのようにして形成するのか、ということについては、ゴータマ・ブッダは想定もしていません。それについては、わたしたちが今後、慎重に解決していかないといけない課題だと思います。

終章

この世において、死ぬべきもの（人間）たちの生命は、〔どのようになるのか〕あらかじめわからず、明らかに知られない。それはまた困難〔をともない〕短くて、苦しみと結びついている。（五七四）

なぜならば、生まれたものたちが死なないような、そのような手だてはないからである。老いにも達して死にいたる。じつに生命あるものには、このような定めがある。（五七五）

熟した果実には、すぐに落ちる〔かもしれないという〕恐れがある。そのように、生

まれて死ぬべき人間たちには、つねに死の恐れがある。(五七六)

わたしたちにとって、老・病・死は冷厳な現実です。表面的な自己は事実として現われる現実を理解できますが、永遠に死なないと錯覚している深層の「わたし」は、この現実を受けいれることができません。老・病・死という現実をめぐって、こころの奥底でくり広げられる葛藤、これが苦しみと呼ばれるものの正体です。この苦しみはゴータマ・ブッダだけでなく、あらゆる時代のあらゆる地域に生きた人間が等しく同じように抱えてきた苦しみでもあります。これまでさまざまな解決方法が探られ試されましたが、現在にいたってもなお、いまだに完全な解決をみていない課題です。

宗教的な絶対者を信仰するという解決方法があります。これは人類の歴史のなかで、かなりの期間、そしてかなりの範囲にわたって、あまねく支持されてきました。いまなお多くの人々が宗教的な絶対者や神話を信仰しています。信じれば絶対に救われるという安心感は、永遠に死なないと錯覚している深層の「わたし」を満足させてくれます。近代的理性の誕生以前では、表面的な自己もほとんど素直に信じられたことでしょう。

信仰はほぼ完全な解決方法のように思われていましたが、近代的理性の台頭および浸透にその権威をおびやかされています。深層の「わたし」は信じたいのに、表面的な自己は何でも疑ってしまうのです。たとえ宗教的な絶対者であっても、疑いの対象とならざるをえません。たとえば、もし存在するのなら、なぜ姿を現わしてくれないのだろう、姿を見れば、その存在を容易に信じることができるのに、姿を現わさないのは、もしかすると存在しないのではないか、などと信仰が揺らぎそうになっても、疑わずにはいられないのです。合理的に解釈したり、科学的に検証しようとしますが、ついに疑いをのり超えられないことに気づき、途方にくれてしまいます。

近代的合理主義の影響を想像以上に深刻に受けている現代の日本人の多くは、目に見えるものだけしか信じない、目に見えないものは信じられないし、そもそも存在しない、と考えるので（これを科学主義と呼びます）、たとえば浄土《じょうど》の実在や阿弥陀仏《あみだぶつ》の救いなど信じられるはずもありません。ひょっとすると、宗派に属するお坊さんたちでさえ、信じていないかもしれません。お坊さんとしてではなく、ふつうの日本人として教育されれば、すべからく科学主義的な傾向をもたされるようになるからです。そのようなところに浄土や阿弥陀仏の居場所はありません。「神仏は死んだ」といえる状況は、わたしたちの精神性の基盤に大きな混迷をもたらしています。

わたしたちは神仏を殺し、あたかも神仏のいない世界の頂点に君臨しているかのようです。傲慢にも、神仏は信じられないし、信じなくてもよい、さらにはいなくてもよい、とまで考えるようになりました。しばらくは永遠に続くかのような経済的な繁栄が神仏に代わる依りどころになっていましたが、最近はそれも怪しくなっています。何も信じられず、頼るものも失ったわたしたちは自信をなくし、ぼう然と立ちつくすだけです。

科学主義では死の恐怖は解決できません。忘れかけていた死の恐怖がある日突然のごとく浮上してきます。それと同時に、生きる意味も失われていたことに気がつきます。科学主義の根底にある唯物論的な思考では、あらゆるものがすべて物質に還元されて考えられるので、そこに意味や価値を見出すのはきわめてむずかしいといえます。物質そのものには意味も価値もないからです。物質が意味も価値もないのに、その物質の集まりでしかない〔ように見える〕わたしたちの人生だけは意味も価値もある、ということはありえません。

多くの日本人が死の恐怖にふるえ、生きる意味も見出せず、虚しいこころのまま、どのように生きて、どのように死んでいけばよいのか、よくわからずにいます。とり残された傲慢さだけをひきずりつづける表面的な自己は、みずからがおちいっている状況さえ理解できていないかもしれません。これまで通りでやっていける、といまだに思っているようだからです。過去の信仰にも戻れず、科学主義には未来はありません。深層の「わたし」は相変わらず永遠に死なないと錯覚しつづけたままです。

日本人の精神性を支えてきた仏教の哲学的な側面に救いを求めようとする人々もいます。哲学的な領域なら何かを信じる必要もなく、理解できそうに思えるからです。しかし、仏教は哲学的な領域だけで語り尽くせるものではありません。けっきょく消化不良のまま議論されるだけで、充分に理解することはむずかしいようです。『般若心経』の「空」にしても、わからないままに「無」と読み替えられて、「死んだら無になる」という、自分たちの考え方にひき寄せた仏教解釈がまかりとおるようになります。虚無的な生き方や死に方を仏教に肯定してもらっ〔たと錯覚し〕て、多少とも安心するのです。

ゴータマ・ブッダによると、この「わたし」だけは永遠でありたい、この「わたし」だけは永遠であるべきである、などという虚しくも必死の願いが、はかなくも老い病み死んでいく現実の姿をまえに、なすすべもなくうち砕かれ、心底から恐怖にうち震えているわたしたちですが、じつはわたしたち自身はもともと永遠だったのです。いつだってどこだって、わたしたちが永遠でなかったことなどありはしなかったのです。ただ、そのことに気がつかなかっただけです。願うよりも祈るよりも、気がつけばよかったのです。気がつけば、恐れる必要など何もなかったことがわかります。

つながりコスモロジーがわたしたちの存在を根底で支える基盤となっていくにつれて、このような安心感が広がっていきます。深層の「わたし」の正体が暴《あば》かれて、永遠に死なないという錯覚を生じさせていた構造そのものが崩壊するのです。ばらばらコスモロジーでは払拭できなかった死の恐怖がしだいに遠くにかすんでいき、苦しみは消えるようになくなります。それまでの恐怖から解放されて、こころの奥底からの安らぎが得られるのです。表面的な自己は疑いというよりも洞察力が深まり、現実をさわやかに、かつしなやかに力強く生きていけるようになります。

ゴータマ・ブッダは信仰とは異なる解決方法を見出し、万人に開かれたかたちで教え示しています。それはこれまで述べてきたように、苦しみをもたらす認識のあり方を転換して、安らぎをもたらす認識のあり方に「目覚める」という解決方法です。何かを信じる必要はまったくありません。現代の日本人のように、何かを信仰することに抵抗のある人々にとっては、むしろ受けいれやすいように思われます。また、疑うことは真実の探求につながり、むしろ推奨されるべきことです。みずからの認識のあり方やコスモロジーが段階を経て成長していく過程は、自分自身で実践しながら確認できるものです。その成長の結果として、死の恐怖やニヒリズムの問題が緩和され、ないし解決されるのです。

信仰では科学性や合理性に欠けて、こころから納得できず、科学主義では宗教性に欠けて、こころから救われません。ゴータマ・ブッダの思想は合理性も宗教性もともに満足させてくれ、科学的な検証にも耐えられるものです。ゴータマ・ブッダの思想は、現代にこそふさわしいものではないかと思います。問題は、わたしたちがそこまで成長しているかどうか、ということになるでしょうか。

あとがき

ゴータマ・ブッダは、一般的には仏教の開祖として知られています。しかし、ゴータマ・ブッダは仏教を興そうとしたわけではありません。ただ、みずからが抱える苦しみを解決したかっただけです。その後の仏教の展開にともなって、その歴史の最初に位置づけられるようになったにすぎません。

また、ゴータマ・ブッダは仏教徒ではありませんでした。考えてみれば当然のことですが、ゴータマ・ブッダ自身は仏《ぶつ》・法《ほう》・僧《そう》の三宝《さんぼう》に帰依《きえ》したり、仏・菩薩を信仰して救われようとしたことはありません。にもかかわらず、ブッダになりました。ということは、ブッダになるためには、かならずしも仏教徒になる必要はないということです。仏・法・僧の三宝に帰依したり、仏・菩薩を信仰することは、ブッダになるための絶対的な条件ではないということになります。

ブッダとは何か、何が問題なのか、ゴータマ・ブッダの思想を学ぶことは、わたしたちを仏教の原点にたちもどらせてくれます。そこでは、わたしたち自身のこころのあり方が問われるのです。

ある雑誌で、つぎのような記事を目にしました。小学生のころ、いっしょに遊んでいた友達を交通事故で失うという体験をされた方の話です。その方はショックから、やがて来る死を受けいれられるまで生きる意味を問いただしていこう、それなくして人生を設計することは欺瞞である、とまで思いつめるようになります。

そこで仏教書を読みあさり、わかったことは、「ブッダの目指した理想の境地が「涅槃《ねはん》」という絶対平穏な寂滅《じゃくめつ》の世界であること。その「涅槃」とは本能のもたらす心の迷いが消えた状態である、だが、それは死をもってしか達成できない「無」の世界であるという。死ぬことでもたらされる理想、これでは生きる意味を問うている者への回答になり得ない」ということでした。

このように考えて、その方は仏教を離れていったそうです。残念なことです。本当に残念に思います。そんな仏教書ばかりではないと思うからです。結論づけるまえに、そもそもそのような仏教解釈そのものを「変だな」と疑ってほしかったと思いますし、別の解釈の可能性を探ってほしかったとも思います。あるいは、自分にとって受けいれられる解釈をする仏教書だけを選択したのかもしれません。

ゴータマ・ブッダの思想をみると、生きているうちに、みずからの苦しみを解決できることが説かれています。さわやかに生きて、死ぬことができることを教えてくれています。生きる意味を問う者にとって大きなヒントとなる、現実に即した教えが随所に説かれています。本書では『スッタニパータ』を中心に考察してきましたが、あらためてその感を強くしました。今後とも、ゴータマ・ブッダないし仏教の思想に対する理解がより深まることを願っています。

本書は、「ゴータマ・ブッダのことば」と題して、『ナーム』誌に、平成二十年一月より平成二十二年十二月まで連載されたものを基礎としています。単行本にするにさいし、若干の加筆修正を行ないました。

最後になりますが、編集の労をとっていただいた井上敏光氏に感謝申しあげます。迅速な作業と的確な助言をありがとうございました。

平成二十三年七月四日

羽矢辰夫

羽矢辰夫（はや　たつお）

1952年　山口県に生まれる。
1975年　東京大学文学部印度哲学印度文学科卒業。
1983年　東京大学大学院人文科学研究科印度哲学専攻
博士課程単位取得退学。
現　在　青森公立大学教授。
著　書　『インド仏教思想史』（共訳、大蔵出版）
『ゴータマ・ブッダ』（春秋社）
『ゴータマ・ブッダの仏教』（春秋社）
『スッタニパータ　さわやかに、生きる、死ぬ』
（NHK 出版）など。

ゴータマ・ブッダのメッセージ
『スッタニパータ』私抄《ししょう》

2011 年 9 月 20 日　初版第 1 刷発行

著　者　羽矢辰夫
発行者　青山賢治
発行所　大蔵出版株式会社
〒113-0033　東京都文京区本郷 3-24-6-404
TEL. 03(5805)1203　FAX. 03(5805)1204
http://www.daizoshuppan.jp/
装　幀　CRAFT 大友
印刷所　中央印刷株式会社
製本所　株式会社難波製本

ISBN 978-4-8043-3072-3 C0015